Wilhelm Schaefer

Die Herzogthümer Schleswig-Holstein und Lauenburg in ihrem Verhältnis zu Dänemark

Wilhelm Schaefer

Die Herzogthümer Schleswig-Holstein und Lauenburg in ihrem Verhältnis zu Dänemark

ISBN/EAN: 9783742867841

Hergestellt in Europa, USA, Kanada, Australien, Japan

Cover: Foto ©ninafisch / pixelio.de

Manufactured and distributed by brebook publishing software (www.brebook.com)

Wilhelm Schaefer

Die Herzogthümer Schleswig-Holstein und Lauenburg in ihrem

Verhältnis zu Dänemark

Die

deutschen Herzogthümer

Schleswig-Holstein-Lauenburg

in ihrem staatlichen Verhältnisse

zu

Dänemark,

in geschichtlicher und genealogischer Reihenfolge vorgeführt

von

Dr. Wilhelm Schäfer.

Nebst Titelbild, Karte und Wappen.

Dresden,

Druck und Verlag von C. C. Meinhold & Söhne.

1864.

Vorwort

an

Deutschlands Fürsten und Völker.

Motto: Wenn sie in der schleswig-holsteinschen Sache
versäumen, was gut und recht ist, so wird damit
auch der deutschen Sache das Haupt abgeschlagen. Sie werden thun, was die Ehre
Deutschlands erfordert, und mögen die Pläne
aller Derjenigen zu Schanden werden, welche
ihre Rechnung stellen auf die Unsterblichkeit der
Schwäche und Versunkenheit unseres deutschen
Vaterlandes!

Dahlmann
(am 9. Juni 1848).

Schlözer behauptet allerdings etwas grell, aber doch nicht ganz un-
wahr von der Weltgeschichte, daß sie die Könige blos wie chronolo-
gische Krücken benützten, und daß Erfindungen ihr wesentlicher,
als Kriege, Schlachten und Thronveränderungen seien. Allein
um über die Rechte der Fürsten und Völker und deren Rechtsverhältnisse zu
einander klar zu werden, muß denn doch die Geschichte mit ihren Urkunden
und Genealogieen befragt werden, und dann muß sie sich auf den Lehr-
stuhl der doctrinären Partei stellen und uns belehren. Die Fürsten und
Völker stehen mit ihren Rechten in einer Waagschale, während das Wohl und
Wehe Beider bald drückend, bald erleichternd in der andern Waagschale, in der
des Gewichts, ruhen, um das Sinken oder Steigen der erstern Schale zu bedingen.

Um jedoch die Rechte der Fürsten und Völker gehörig zu erforschen, darf
man bei Benutzung der Geschichtsannalen freilich nicht bei der Neuzeit stehen
bleiben, um uns durch diese allein belehren oder wohl gar zu einer Ueberzeugung führen zu lassen: denn das Recht der Fürsten und Völker ist meist
ein sehr altes, althergebrachtes, angestammtes und nie verjähr-
bares Recht, wenn nicht Beide durch ein gegenseitiges Einver-
ständniß, ohne Dazwischenkunft des Zwanges oder der rohen Gewalt,
Abänderungen mit ihren gegenseitigen Rechten vornehmen. Erzwungenes,
durch die Gewalt des Stärkern oder durch Kriege vorgeschriebenes Recht, und
das von der Willkühr der Herrscher aufgedrungene oder geschmälerte Recht ist
eigentlich kein Recht.

Wozu sollen uns daher im Fürsten- und Völkerrechte die sogenannten
Protocolle oder offenen Briefe, Patente ꝛc. neuzeitlicher Laune und der

Willkühr, Bosheit oder Intrigue fürstlicher Sonderlinge, sowie die Beschlüsse selbstsüchtiger Diplomasie? — Wo gutes, altes Recht in Verfassung oder Erbfolge vorhanden ist, das der Gebrauch der Jahrhunderte gleichsam geheiligt hat, darf keine Fürsten- oder Diplomatenwillkühr zerstörend einschreiten.

Das Recht der Herzogthümer Schleswigs und Holsteins hinsichtlich ihres steten Unzertrenntbleibens ward vor 5 Jahrhunderten von völkerfreundlichen Fürsten bestätigt, über ein Jahrhundert später noch unverbrüchlicher festgestellt, ward von allen Dänenkönigen aus oldenburgschem Stamme bei ihrer Thronbesteigung, als König-Herzöge in Schleswig- und Holstein, verbrieft und beschworen, bis endlich leider im neunzehnten Jahrhunderte die schwachen Dänenkönige, obgleich sie Monarchen geworden waren, von dem ihnen über das Haupt gewachsenen, treulosen Dänenthume mehr und mehr bedrängt wurden, die Herzogthümer oder doch wenigstens Schleswig zur Stärkung des dänischen Gesammtstaates dem Dänenreiche als bloße Provinzen einzuverleiben.

Ebenso wenig konnte die alte Verfassung der Herzogthümer, obgleich sie eines Theils den Anforderungen des Völkerfortschrittes nicht mehr völlig genügte, und andern Theils durch die Vertreter derselben, nach selbstsüchtiger Verdrängung des dritten und vierten Standes, nicht hinlänglich gewahrt und zur Bevorrechtung gemißbraucht worden war, völlig beseitigt und durch eine vom Dänenthume octroyirte Verfassung ohne alle Gewährleistung und selbstständige Volksvertretung willkührlich ersetzt werden.

Schleswig, ursprünglich eine deutsche Markgraffschaft, die Conrad II. freilich Dänemark überließ, welches daraus ein Lehensherzogthum schuf, womit seit Olav dänische Prinzen belehnt wurden, ward durch die Constitutio Waldemariana (1330) den schauenburger Grafen von Holstein zugestanden, und nach dem Aussterben des ihnen verwandten abelschen Stammes der schleswigschen Herzöge als ein deutsches Herzogthum, obgleich noch dänisches Fahnenlehen, 1386 den holsteiner Grafen erblich überwiesen. Königs Erich Versuche, dasselbe dem Dänenreiche einzuverleiben, blieben fruchtlos. Der erste Oldenburger von der weiblichen Linie der Schauenburger auf dem Dänenthrone, Christian I., erbte dasselbe von seiner Mutter Hedwig unter freier Wahl der Stände des Herzogthums, und bestätigte wiederholt die Unzertrennbarkeit Schleswigs von Holstein.

Dieser edle Fürst spricht sich in der von ihm beschworenen Vertragsurkunde von 1459 hinsichtlich der freien Wahl Seiten der Stände der Herzogthümer noch ganz besonders dahin aus:

„Daß Uns Prälaten, Ritter, Städte und Einwohner des Herzogthums Schleswig und der Lande Stoermarn rc. gewählt, Uns auch angenommen und als ihrem Herrn gehuldigt haben, mit Bedingung aller Artikel und Stücke, die hiernach ausgedrückt sind.“ — „Ferner bekennen Wir und gestehen zu, daß, nachdem Wir zu einem Herrn derselben Lande, wie vorgeschrieben ist, erwählt sind, nicht als ein König von Dänemark, sondern aus Gunst, die die Einwohner dieser Lande zu Unserer Person haben, diese Lande nicht an eines von Unseren Kindern oder Verwandten zu vererben seien, sondern, als Wir nur aus freiem Willen zu diesen Landen von den vorbenannten Einwohnern gewählt sind, so mögen sie und ihre Nachkommen, so oft als diese Lande offen werden, ihre Wahl

behalten, dann nach Unserm Ableben eines von Unseren Kindern zu einem
Herrn wählen, oder wenn derer keines wäre, einen von Unseren rechten Erben.
Der alsdann gewählt wird, soll seine Lehene von seinem Lehensherrn
(dem deutschen Reichsoberhaupte) fordern und empfangen. — Auf daß sothane
Wohlthat oder Gunst der Einwohner dieser vorgenannten Lande ihnen und
ihren Nachkommen unschädlich sei, sondern zu ewigen Zeiten vortheilhaft und
nützlich."

Ebenso verbürgte derselbe erste Dänenkönig aus olbenburger Stamme
alle Landesfreiheiten und Rechte in folgenden Worten der Anrede: „Allen
Einwohnern, geistlich und weltlich, kleinen und großen," ferner: „Prälaten,
Rittern, Städtern und allen Einwohnern dieser Lande, den Kaufleuten und
Wandrersleuten," und beschwört zu Letzt alle Artikel der Verfassung für Schleswig und Holstein mit den Anredeworten: „den Prälaten, Ritterschaft, Mann-
schaft und gemeinen Einwohnern." Also ein völlig c o n ſt i t u t i o n e l l e r König.

Unter den Verfassungsrechten sind besonders das Recht der u n b e -
ſ ch r ä n k t e n S t e u e r b e w i l l i g u n g und S t e u e r v e r w e i g e r u n g, das
Recht der l a n d ſt ä n d i ſ ch e n Z u ſt i m m u n g z u m B e ſ ch l u ſ ſ e w e g e n
K r i e g s, das Recht z u r E i n w i l l i g u n g bei E r n e n n u n g der h ö ch ſt e n
G e r i ch t s b e a m t e t e n, sowie das Recht für alle Einwohner, geistig und
weltlich, nicht verpflichtet zu sein „d e m K ö n i g e z u f o l g e n, d i e n e n oder
H i l f e z u l e i ſt e n a u ß e r h a l b L a n d e s." Ebenso verhieß Chriſtian I.
den E i n w o h n e r n dieser Lande (Schleswig-Holſteins), daß ſ i e e w i g v e r -
e i n t b l e i b e n ſ o l l e n," und zwar mit e i n e r g e m e i n ſ ch a f t l i ch e n
L a n d ſ ch a f t. — Ferner sollte bei Strafe des gebrochenen Landfriedens (wich-
tig für die Zeit der Geltung des Faustrechtes unter den Odelingern) „d e n
P f l ü g e r oder H a u s m a n n auch f e r n e r N i e m a n d b e f e h d e n,
o b ſ ch o n ſ e i n H e r r b e f e h d e t w i r d." Außerdem sollten die S ch l ö ſ ſ e r
und B e ſt e n beim Tode eines Landesherrn und bis zum neuen Regierungsantritte den Ständen übergeben werden, und der König gelobte überdies,
noch jährliche Landtage zu halten, um, wie es wörtlich heißt: „Uns
nach Rath Unserer Räthe (der Stände) daselbſt zu verhalten."

Selbſt nach Einführung des Erſtgeburtsrechtes im 17. Jahr-
hunderte wurden die alten Grundverträge der u n z e r t r e n n l i ch e n Herzogthümer vor der Landeshuldigung erneuert, und auch ſtets die zum Theile noch
vermehrten Verfassungsrechte von dem König-Herzoge neu gelobt.

In der Urkunde Friedrichs I. vom Jahre 1524 lautet die Anrede:
„d e n B i ſ ch ö f f e n, P r ä l a t e n, R i t t e r ſ ch a f t, S t ä d t e n, E i n -
w o h n e r n und G e m e i n h e i t e n ſ a m m t a l l e n E i n g e ſ e ſ ſ e n e n d i e ſ e r
L a n d e." Uebrigens iſt nirgends davon eine Spur, daß diese Verträge der
König-Herzöge nicht mit dem ganzen Lande oder „der ganzen Land-
ſchaft zu deren Beſten" abgeschlossen worden wären, und Friedrich III.
hebt sogar hervor, daß die Landſtände, als Landesrepräsentanten aller Classen
der Bewohner, deren Rechte zu ſchützen und zu vertreten, verpflichtet wären.

Ueberdies begegnen wir auch in mehren Verfassungsurkunden der
König-Herzöge, namentlich in der Chriſtians III. vom Jahre 1540, den
dankbaren Anerkennungen, daß die getreuen Bürger „mit Gut

und Blut, und durch ganz freie günstige Bewilligungen" Außerordentliches geleistet hätten. Ferner sagt Christian III., dieser vorzügliche Fürst, in der Verfassungsurkunde von 1544:

„Wir wollen und sollen auch alle diese Freiheiten, wie sie in ihrem natürlichen Verstand, Meinung und Buchstaben stehen und begriffen sind, auslegen und nicht anders deuten und verstehen lassen, und Alles dabei ihnen (nämlich den Ständen und Unterthanen) zum Besten kehren."

Endlich hat der treffliche König Christian IV., der in seinen 55 Regierungsjahren 53 Landtage abhalten ließ, noch den alten Verfassungsverträgen in seiner Urkunde vom Jahre 1614 die bedeutungsvollen Worte hinzugefügt:

„Die Worte der Fürsten sind und müssen sein gleich einem Eckstein, auf dem unerschütterliche Wahrheit gebaut werden, und ewig unbeweglich bleiben muß."

Außerdem bestätigte sogar noch der König-Herzog Friedrich VI. in einer Urkunde vom 17. August 1816, also nach seinem Beitritte zum deutschen Bunde, alle gedachten, alten Grundverträge und Landesfreiheiten, und doch kämpften die noch übrig gebliebenen Landstände völlig vergeblich für die Verwirklichung und Ausdehnung der alten Verfassung auf alle Staatsbürger ohne Unterschied des Standes. — Dieser Kampf hatte leider auch fortgebauert, wie die letzten Bogen dieses Schriftchens durch eine historisch-genetische Reihenfolge aller Thatsachen, darthun werden, bis auf den Tag des 15. Novembers 1863. Wolle Gott, daß der fast 50jährige Kampf jetzt für immer beschlossen sei, und daß Dänemark nicht abermals auf diplomatischen Um- und Schleichwegen ein Sieger über das alte Recht der Herzogthümer wie 1850 wird.

Der Friede von 1850 bleibt übrigens die größte Schmach für Deutschland; allein jetzt ist es Zeit und die Gelegenheit geboten, das alte Unrecht einigermaßen wieder gut zu machen. — Die Integrität Dänemarks darf keine Berücksichtigung mehr finden. Das Protocoll vom 8. Mai 1852 hat gewissermaßen alle Verbindlichkeiten und Rücksichten Deutschlands gehoben. Die Herzogthümer sind durch den Tod des letzten erbfolgeberechtigten König-Herzogs frei geworden. Sie sind freie Lehene, über die der deutsche Bund nach Erbfolgerechte zu verfügen hat. Die Urkunde vom Jahre 1459 tritt jetzt wieder in Wirksamkeit, und die Schleswig-Holsteiner konnten sich demnach einen eigenen Herzog aus einer Nebenlinie des abgestorbenen königlichen Mannsstammes der Oldenburger wählen, wozu der deutsche Bund seine Zustimmung zu geben hat. Wir hoffen aber auch, daß der deutsche Bund nicht gegen diese schon geschehene Wahl ankämpfen, und sind sogar überzeugt, daß er zur Ehre Deutschlands auch Schleswig von den Dänen befreien und beide Herzogthümer unter einer Dynastie sicher stellen wird. Das wolle Gott!

Am Neujahrstage 1864.

Dr. Wilhelm Schäfer.

Inhalt.

Einleitung.

Motto: „Holstein muß gar nicht zu ruiniren sein,
sonst wäre es längst ruinirt.‟

Friedrich der Große.

Unter dem Gesammtnamen „Schleswig-Holstein‟ versteht man den südlichen Theil der alten cimbrischen Halbinsel, welcher sich von der Königs= aue bis zur niedern Elbe ausbreitet, ursprünglich die beiden Herzogthümer Schleswig und Holstein umfaßt, welche beide jedoch, bald unter besonderer, bald unter gemeinsamer Verfassung und Verwaltung (seit sie unter dänischer Hoheit stehen) eigentlich eine Einheit bildeten, und auch bis auf die neueste Zeit unter dem geschichtlichen und diplomatischen Namen „Holstein‟ als ein deutscher Bundesstaat, dem seit 1816 das alte Herzogthum Lauen= burg mit inbegriffen ist, angesehen worden sind. Doch legten namentlich die Schleswiger deshalb in neuester Zeit darauf ein Gewicht, diesen zu den deutschen Bundesstaaten gehörigen Länderverband ausdrücklich „Schleswig= Holstein‟ zu benennen, nachdem die Regentschaft des Königreichs Dänemark wieder deutlicher mit der Absicht hervortrat, die alten Bande, welche Schleswig und Holstein mit den dazu gehörigen Ländertheilen deutscher Zunge und Abkunft zu einander gefügt hatten, endlich aufzulösen, das Herzogthum Schleswig für immer dem Reiche Dänemark völlig einzuverleiben, und in Verfassung, Rechten und Gewohnheiten, ja, selbst sogar in der Sprache voll= kommen dänisch zu gestalten.

Das Ländergebiet beider Herzogthümer, die, ihr Deutschthum würdigend, durchaus nicht getrennt sein wollen, besteht größtentheils in festem Lande. Holstein besteht sogar völlig aus Festlande, während zu Schleswig noch drei, allerdings unbedeutende Ostseeinseln: Arröe, mit dem Hauptorte Arröes= köbing, Alsen mit dem Hauptorte Sunderborg, sowie das an Holsteins Küste gelegene Femarn, wie auch endlich die in der deutschen Nordsee, welche aber in Schleswig die „Westsee‟ heißt, gelegenen Inseln: Föhr, Sylt, Pellworen, Nordstrand, und eine Anzahl von Eilanden gehören, welche vor Jahrhunderten durch wiederholte Sturmfluthen vom Festlande völlig losgetrennt, namentlich aber im Jahre 1634 von der Insel Nordstrand abgerissen worden sind. Außerdem gehörte bis zum Kieler Frieden, im Jahre 1814, auch die vor den Mündungen der Weser, Elbe und Eyder gelegene Nordsee=Insel Helgoland (jetzt seltsam genug zu England gehörig) zu Schleswig.

1

Das deutsche Herzogthum Schleswig, ehedem „Süderjütland" geheißen, mit einem Areal von 169½ ☐ Meilen (167 geographische ☐ Meilen) das im Norden an das echt dänische Norderjütland, im Süden an das echt deutsche Herzogthum Holstein, von dem es durch die Eyder und den Kieler Kanal getrennt ist, gegen Westen an das deutsche Meer oder die Nordsee, und gegen Osten an den kleinen Belt grenzt, enthält außer der Hauptstadt Schleswig, am Meerbusen der Schley, (Sitz der Statthalter) mit dem nahe gelegenen Stammschlosse der früheren schleswigschen Herzöge, Gottorp, die Städte Eckernförde (auf einer Landzunge), Flensborg (an einem Busen der Ostsee, mit Hafen), Apenrade, Hadersleben, Husum, Tondern, Tönning, Friedrichsstadt, Garding 2c., im Ganzen 13 Städte, 14 Marktflecken und etwa 1500 Dörfer.

Das echt deutsche Herzogthum Holstein von 155 oder 153½ geographischen ☐ Meilen Flächenraume, mit der Hauptstadt Glückstadt, umfaßt dagegen die Städte Itzehoe, Precz (eigentlich ein Flecken), Kiel (Universitätsstadt und Hafen), Rendsborg (befestigte Stadt) an der Eyder, Neustadt mit einem Hafen an der Ostsee, Ploen (an 2 Seeen), Heiligenhafen an der Ostsee (in der Landschaft Wagrien, mit offener Rhede), Oldesloe (mit Salzwerke), Altona (eigentlich „All to nah" d. h. als zu nahe bei Hamburg) an der Elbe, bedeutendste Handels- und Freihafenstadt des Herzogthums, den gräflich Schimmelmannschen Flecken Wandsbeck (durch den Dichter Claudius, den „Wandsbecker Boten", bekannt), sowie die Dörfer Ottensen an der Elbe (mit Klopstocks Grabmale und den Gräbern der 1100 durch die Franzosen vertriebenen Hamburger), Blankenese, ein großes Fischer- und Lootsendorf, sowie Uetersen oder Vitersen, Flecken mit adlichem Stifte in der alten gräflichen Herrschaft Pinneberg, und Elmeshorn, an der Aue, in der alten Grafschaft Ranzau. —

Das alte deutsche Herzogthum Lauenburg an der Nieder-Elbe, zwischen dem Lübeckschen, Mecklenburgischen, Lüneburgischen, Hannöverischen und Holsteinschen Gebiete, das ehemals zum Ländergebiete des Herzogs Heinrich des Löwen gehörte, auch 5 Jahrhunderte hindurch seine eigenen Herzöge aus dem alten Hause Askanien hatte, deren Mannesstamm aber mit dem Herzoge Julius Franz 1689 ausgestorben ist, kam nach mehrfachem Hoheitswechsel erst 1816, mit Ausschluß des Landes Hadeln oder Hadelör, am Ausflusse der Elbe, sowie des schmalen Landstriches am linken Elbufer, und dem am rechten Elbufer abgesondert liegenden Amte Neuhaus, an Preußen, von diesem jedoch tauschweise sofort an die Krone Dänemark. Es faßt die Städte Ratzeburg (zum Theil), Möllen an der Seeknitz und Lauenburg mit Ertenburg an der Elbe, nebst den Schlössern und Aemtern Franzhagen, Sassenhagen und Schwarzenbeck, die Flecken Atelburg, Ludersburg, Thombam 2c., sowie etwa 111 Dorfschaften in sich.

Das Herzogthum Schleswig hat von Süden nach Norden eine Ausdehnung von etwa 18 Meilen; die Breite von Osten nach Westen ist jedoch ungleich, und wechselt von 8 zu 14 Meilen. Das Herzogthum Holstein erstreckt sich von Süden nach Norden gleichfalls auf ungefähr 18 Meilen, während seine Breite abwechselnd zwischen 14 bis 16 Meilen mißt. Das schleswigsche Areal enthält gegen 89 □ Meilen ackerbares Geestland, 18 □Meilen Marschland, 28 □ Meilen Haide= und Flugsandboden, 7½ □ Meilen Holzgrund, 14½ □Meilen Moorland und Wiesengrund. Dagegen enthält das holsteinische Areal etwa 20¼ □Meilen Marschland, 14 □Meilen Haide, 8 □Meilen Holzgrund, sowie 85 □Meilen gutes Ackerland, und in Schles= wig verhält sich das unbebaute Areal zu dem bebauten ungefähr wie 1 zu 4, hingegen in Holstein wie 1 zu 5. — Die beiden Hauptstädte der alten Hansa, die freien Städte Hamburg und Lübeck, welche genau genommen auf holstein= schem Grund und Boden liegen, gaben schon im Mittelalter die Hauptmärkte für beide Herzogthümer ab; doch ist es in den letzten Jahrhunderten Hamburg vorherrschend geworden.

Was endlich die Stammbevölkerung dieser beiden deutschen Herzogthümer betrifft, als wirkliche Grenzlande Deutschlands gegen Skandinavien, so sind sie von sehr verschiedenartigen Volksstämmen bewohnt. So ist H o l st e i n (Saxonia transalbiana im Mittelalter genannt) von alten nordalbingier Sachsen *), d. h. Angesessene, freie Grundeigenthümer, bewohnt, welche die ehemals im Osten des Landes, in W a g r i e n, wohnenden Slaven (Wenden) aus ihren Sitzen vertrieben, sowie von D i t m a r s e r n oder Dithmarschern (d. h. Marschlandbewohner), welche wahrscheinlich ein aus S a c h s e n und F r i e s e n gemischter Volksstamm sein mögen. Ebenso ist S c h l e s w i g (das alte Heideba) im Süden von alten Sachsen, im Westen von Friesen und außerdem auch von Dänen bewohnt, die einen eigenthümlichen Dialect (halb plattdeutsch, halb dänisch) sprechen, und sich zuverlässig mit zurückgebliebenen Angeln vermischt haben. Es giebt Districte, in denen rein f r i e s i s c h, andere, wo p l a t t, und zwar von Dänen selbst, gesprochen wird. Die d ä n i s c h sprechenden Bewohner sind aber nicht die Mehrzahl. — L a u e n b u r g hat jedoch völlig altsächsische Einwohner, weshalb dieses Land auch in uralten Zeiten der S a c h s e n b a n n oder die „S a c h s e n g e m e i n d e" hieß.

Zu Folge der königlich dänischen Proclamation vom 28. Januar 1852 war bis jetzt ein dem Könige allein verantwortlicher Minister für Schleswig, und ein zweiter für Holstein und Lauenburg ernannt, und die Herzogthümer Holstein und Schleswig hatten ihre ständische Repräsentation mit beschließender Stimme (Mynbigheb). Hinsichtlich der Verfassung Lauenburgs wurden die Verhandlungen mit der Ritter= und Landschaft gepflogen. Die beiden Gouver= neure für Holstein und Lauenburg führten den Titel „L a n d b r o st." Um die staatlichen Verhältnisse der Herzogthümer S c h l e s w i g und H o l st e i n, ebenso die jetzigen öffentlichen Zustände, sowie die früheren wieder= holten Bewegungen in denselben gehörig zu begreifen, die Abneigung der Schleswiger und Holsteiner gegen das D ä n e n t h u m wirklich gerechtfertigt zu finden, und zugleich deren Festhalten an ihrem alten Rechte als ein deutscher Bundesstaat vollkommen zu würdigen, sind wir allerdings genöthigt, uns in

---

*) Die alten Sachsen oder Sassen, ein alt germanischer Völkerbund, der zum Unterschiede von den Sueven (schweifenden Nomaden), die S e ß h a f t e n, weil sie feste Sitze hatten, sich nannten, erwähnt zuerst Ptolomäus, der sie zur rechten des Ausflusses der Elbe setzt. Von hier aus mögen sie auch schon im 4. Jahr= hunderte die Streifzüge nach der britannischen Küste gemacht haben.

gedrängten Umrissen die geschichtliche Vergangenheit der beiden Herzogthümer vor das geistige Auge zu führen, und namentlich auch die mehrmals gewech= selten Standpunkte als vom Dänenthrone abhängige Provinzen oder Paragiate, sowie auch als selbstständige Staaten mit eigenen souveränen Fürsten echt deutscher Dynastie in's Licht zu setzen.

Geschichtlicher Ueberblick.

A. Zeitraum vor dem Jahre 1459.

Dieser für unsere Zwecke eigentlich nur als vorgeschichtlich zu betrachtende Zeitraum von etwa 1000 Jahren, der übrigens nur mit dem Beginne des 9. Jahrhunderts in eine geschichtlichere Zuverlässigkeit, oder, so zu sagen, in eine historisch=genetisch verknüpfte Folge der Begebenheiten tritt, umfaßt erstens die zum Theile unsicheren Nachrichten von muthmaßlichen Urbewohnern beider Herzogthümer, sodann die Geschichte Holsteins unter den Grafen aus dem Hause Schauenburg, sowie unter der kurzen Herrschaft der Dänen, die Geschichte der wiedererrungenen Selbstständigkeit, sowie der erneueten Kriege mit Dänemark, und endlich der Vereinigung Schleswigs mit der Graf= schaft Holstein. —

Die schleswig-holsteinsche Geschichte nimmt, genau genommen, ihre allerdings nicht auf Urkunden und Acten begründete, sondern nur aus zer= streuten Nachrichten der mittelalterlichen Chronisten geschöpften Anfänge mit der Auswanderung der Angeln und Sachsen nach Britannien; also mit der Mitte des 5. Jahrhunderts. Noch heutzutage heißt im Volksmunde ein Theil der Ostküste Schleswigs das „Angelnland", was kein unwich= tiger Beweis dafür sein kann, daß die Angeln vor ihrem Zuge nach dem überseeischen Britannien, wohin sie, von den Britten unter deren ohnmächtigen Könige Vortigern, um 446, gegen das Eindringen der Picten und Scoten zu Hilfe gerufen, eilten, den ganzen Norden der cimbrischen Halbinsel (das Chersonesus cimbrica der Alten) inne hatten. Daß allerdings nicht der ganze Angelnstamm an diesem Heereszuge theilgenommen hatte, den sie über= dies in Gemeinschaft mit den nachbarlichen Sachsen oder Sassen unter= nahmen, geht schon daraus hervor, daß sie anfänglich nur auf drei Schiffen an Britanniens Küste landeten und, daß erst später diese Expedition durch 5000 Mann noch verstärkt wurde. Allerdings ward aus diesem blosen Zu= hilfeeilen eine Art von Auswanderung der Angeln und Sachsen, welche in ihren Folgen in der Geschichte Britanniens, durch Begründung von 7 angel= sächsischen Königreichen, die sich auch bis 1066 erhielten, völlig eine Epoche gemacht hat, da sie sich des Landes bemächtigten und die Einwohner entweder unterjochten oder nach Wales oder nach der Bretagne vertrieben.

Allein die nach Britannien übergesiedelten Angeln und Sachsen hatten unbedingt durch das Verlassen ihrer alten, heimathlichen Sitze ihre Stämme

bedeutend daselbst geschwächt, und so kam es, daß die Dänen*) der benach=
barten Inseln nach der Halbinsel herüberkamen, daß sie sich der lediggewordenen
Sitze bemächtigten; und — eine zweite Folge davon war, daß sie sich endlich
mit den zurückgebliebenen angelnschen Ureinsassen vermischten. — Es ist über=
dies sogar zu vermuthen, daß selbst über die Grenzen Schleswigs hinaus, auch
auf der Halbinsel Jütland, sogar Angeln gewohnt haben, die aber, wenn sie
nicht ausgewandert sind, sich allmälig ebenfalls mit den Dänen vermischt
haben.

Die Westküste nahmen dagegen nach jener Auswanderung Friesen
in Besitz, aus deren Mischung mit den Sachsen das tapfere, freie Volk der
Ditmarser hervorging, während sich weiterhin nördlich rein die nordfrie=
sischen Gemeinden bildeten. Vom Norden her kam dagegen ein ebenfalls skan=
dinavischer Volksstamm, die Jüten; sie nahmen von dem offenen Lande des
Nordens von Schleswig Besitz, und vermischten sich südöstlich bis zu der Schley
hin gleichfalls mit den zurückgebliebenen Angeln, von welchen noch jetzt der
schöne Landstrich zwischen dem Flensborger Meerbusen und der Schley den
Namen „Angelnland" trägt.

Der Theil Schleswigs jedoch, in dem die Bevölkerung eine überwiegend
dänische oder jütische war und zum Theile noch ist, nämlich der Theil von der
Schley bis an die Königsau östlich, und von hier aus wiederum westlich
bis gegen die Widau zu den Nordfriesen hin, gehörte auch lange Zeit
völlig zu Dänemark, und hieß als ungetrennter Theil desselben „Süberjüt=
land." — Hingegen hatte der jetzige südliche Theil Schleswigs, das Land
zwischen der Eyder und Schley, stets sächsische Bevölkerung; gehörte auch selbst
lange Zeit zum deutschen Reiche, und zwar unter dem Namen der „Mark
Schleswig."

Sowie nun aber Schleswig zum Theile skandinavische Bevölkerung ge=
habt, so hatte dagegen Holstein in früherer Zeit slavische**) Stämme, als
vielleicht ältere Insassen, nämlich die Wenden, im sogenannten Wagrien, süd=
lich von der Kieler Bucht über die Trave hinaus, welche erst von Heinrich
dem Löwen und von dem holsteiner Grafen Adolf II. unterjocht und germani=
sirt worden sind. Jahrhunderte hindurch verharrten diese Länder im Zustande
der Völkerbewegung, bis endlich Schleswig in ein Lehensherzogthum

---

*) Sie kommen zuerst im 6. Jahrhunderte unter den Stämmen, welche die
Insel Scanzia oder Scandinavien bewohnten, bei Jornandes vor. Procopius
redet von den Dänen als den Nachbaren der Barner und, daß sie auf der
andern Seite an Thule grenzten, welches unbedingt die Talemark in Nor=
wegen ist. Adam von Bremen nennt Sconia oder Skane eine dänische Land=
schaft. Endlich theilt Eginhardt die Normanen in Dänen und Sueonen; Suea=
land aber ist das heutige Schweden. Der Tractat Karls des Großen von 811
erwähnt die Dänen schon in ihren jetzigen Sitzen.

**) Die im alten Germanien bekannt gewordenen slavischen Völkerschaften
stammen sämmtlich von den Sarmaten des Alterthums ab. Ihr ältester Name
in Germanien war Beneder oder Wenden, der sich schon beim Tacitus findet,
der aber nicht wußte, ob sie Germanen oder Sarmaten waren. Ptolomäus kannte
die Beneder am baltischen Meere, und nennt deshalb einen Theil desselben Wen=
denbusen (Sinus Venedicus).

der Krone Dänemark verwandelt ward, welches an dänische Königssöhne und deren Nachkommen verliehen wurde, und es zuletzt Kaiser Konrad gefiel, die Markgrafschaft selbst an Dänemark abzutreten, während jedoch die Nordfriesen sich auch ferner noch als freie Männer behaupteten. Der alte Name Schleswigs „Süderjütland" ging daher allmälig verloren, und man nannte das Land nur noch nach der Hauptstadt und Residenz des Herzogs „Schleswig", während sich unter König Kanut IV. deutsche Sprache und Sitten immer mehr nach dem Norden der Halbinsel ausbreiteten.

Die alten Sachsen hatten sich dagegen in ihren alten Sitzen in Holstein (Holtsaten: das Land der Holzsassen) rein erhalten, und sie wurden endlich, trotz der tapfern Anführung ihres Heerführers Albion, durch den drei Jahrzehnte hindurch währenden Sachsenkrieg Karls des Großen dem mächtigen Frankenreiche mit einverleibt. Sie unterwarfen sich sogar außerdem dem Christenthume, und willigten selbst in den beschwerlichen Zehnten der Kirche, während sie jedoch von ihrem Bezwinger, der Hochbuchi (Hamburg) erbaute, und daselbst einen Grafen einsetzte, in ihren alten Gaubereichen bei ihrer alten Verfassung belassen wurden. Ueberdies trennte Karl die nordalbingischen Sachsen noch durch eine Mark von den slavischen Wagriern (Wenden), welche schon längst den Osten von Nordalbingien eingenommen hatten. Unter Karls Sohne, Ludwig I., zweitem römischen Kaiser und Könige der Franken, ward zuerst das Erzbisthum Nordalbingiens in Hamburg gestiftet, dann aber unter Könige Lothar (858) in Bremen vereinigt, dem eigentlich kirchlich der ganze europäische Norden in der Seelensorge untergeben war, während der corbey'sche Mönch Ansgar oder Anschar, der 827 bis in die Dänemark und 829 bis Schweden sogar mit dem Evangelium vordrang, der erste Apostel des Nordens ward, und im Jahre 869 als Bischof von Bremen starb.

Uebrigens war Nordalbingien schon seit dem Frieden, den Karl mit dem jütländischen Könige Hemming 811 schloß, von der Eyder (Egidora*) im Norden politisch begrenzt, also Schleswig nicht mit inbegriffen, und in vier Theile getheilt. Inmitten lagen nämlich zwei sächsische Gaue, südlich Stoermarn von der Stoer begrenzt und nördlich Holtsaten oder Holstein, unter welchem Namen man jedoch später das ganze nordalbingische Gebiet Deutschlands verstand. — Endlich bildeten sowohl die östliche Landschaft Wagrien, obgleich von Wenden bewohnt, sowie auch das westliche Ditmarschen, halb von Friesen, halb von Sachsen bewohnt, jedes für sich einen Gau, und unter dem deutschen Könige Heinrich I. (Finkler) erhielt das gesammte Nordalbingien durch die Errichtung der Markgrafschaft Schleswig, die sich von der Schley, bis zur Eyder erstreckte, einen Schutz gegen die unruhigen, zum Theile räuberischen Dänen oder Normänner; eine Schutzmauer, die aber nicht immer ausreichend genug war.

––––––––––

Die eigentlich älteste, wirklich politische Geschichte Holsteins, als eines Theiles von Nordalbingien, oder Nord=, auch Niedersachsen genannt, ist mit

––––––––––

*) Unter Ludwig dem Deutschen galt ebenfalls die Eyder als Grenze des deutschen Reichs.

ben Thaten und Schickſalen des Herzoghauſes Derer von Billung in Sachſen zu innig verknüpft, und berichtet daher eigentlich nur von den ſchweren und wildverheerenden Kämpfen, welche dieſe Herzöge mit dem benachbarten, unruhigen und hartnäckigen Slavenſtamme zu führen hatten, die in die nord= albingiſchen Gaue zum öftern einfielen, und namentlich die chriſtlichen Kirchen zerſtörten, welche damals allerdings noch plumpe Blockbauten waren.

Der Erſte der Holſteiner Grafen, der mit voller Sicherheit zu nennen iſt, war Gottfried; doch iſt nicht geſagt, welchem Stammhauſe er angehörte. Er fiel bei dem Einfalle der waringer Wenden im Jahre 1106, als er ſich mit einem zu kleinen Haufen wehrbarer Mannen ihnen entgegenwarf.*) — Wahrſcheinlich war Graf Gottfried aus billungſchem Stamme, da König Otto I. den Hermann Billung 960 zum Herzoge von Sachſen ernannte, und dabei beſtimmte, daß der Aelteſte der Billungen fortan das Herzogthum erhalten, während der jedesmalige Jüngſte in der Familie ſtets mit der Grafſchaft Holſtein beliehen werden ſollte. Auf den Graf Hermann Billung folgte 973 Lothar, dieſem folgte 1011 Ditmar, dieſem aber 1053 Bern= hard und dieſem 1062 Hermann, welcher 1078 die Grafſchaft an genann= ten Gottfried vererbte, dieſer jedoch, wie erwähnt, 1106 im Kampfe von den Wenden erſchlagen wurde.

Gleichzeitig mit den Grafen Billung von Holſtein waren auch die Her= zöge von Sachſen billungſchen Stammes ausgeſtorben, und der deutſche König Heinrich V. übertrug die ſächſiſche Herzogenwürde ſeinem Eidame Lothar von Supplinburg (nachmaligem deutſchen König Lothar II.). Dieſer be= lehnte jedoch nach ſeiner Krönung zu Aachen, im Jahre 1125**) den Grafen Adolf von Schauenburg, aus dem Stamme der Freiherren von Sanders= leben, mit der Grafſchaft Holſtein und Stoermarn, bei deſſen Nachkommen bis nach der Mitte des 15. Jahrhunderts, wo dann die oldenburger Grafen dafür eintraten, auch dieſe nordalbingiſche Grafſchaft verblieb. Das Wagrier= land war damals noch ganz in den Händen der Wenden, und die Ditmarſcher ſtanden unter einer andern Grafſchaft. Ueberdies blieb Holſtein noch ein Lehen des ſächſiſchen Herzogthums, das ſeit 1180, nach der Achtserklärung gegen Heinrich den Löwen (welfiſchen Stammes), auf Bernhard von Askanien überging, der allerdings, wie wir ſpäter ſehen werden, einige Noth hatte, die ſächſiſchen Grafen zur Unterwürfigkeit zu bringen, weshalb er auch die Lauen= burg (d. h. Veſte an der Lava oder Elbe, nicht Löwenburg) neu erbaute.

Doch konnte Bernhard das Stammherzogthum Sachſen in ſeiner bis= herigen Ausdehnung nicht behaupten, ſondern es löſte ſich vielmehr nach Hein= richs des Löwen Sturze in mehre weltliche und geiſtliche Herrſchaften auf, die vom Herzoge ſich völlig unabhängig machten. So kam es auch, daß ſich die Grafen von Holſtein von dieſer Abhängigkeit löſten, und nur noch der Form nach Lehensträger des ſächſiſchen Herzogthums blieben.

---

*) Ein holſteiner Bauer, deſſen Weib die Wenden entführt hatten, begegnete dem Grafen und ſchalt ihn einen feigen Krieger; das Ehrgefühl reizte ihn ſo ſehr, daß er, ohne erſt ſein Hauptheer zu erwarten, ſich mit dem Vortrabe auf die plündernden und verheerenden Wenden ſtürzte.

**) Nach Anderen bereits von Konrad II., im Jahre 1032 (?).

Unter dem ersten schauenburger Grafen Holsteins, Adolf I., erwarb
sich namentlich, anbei erwähnt, der fromme Wicelin als Apostel das
größte Verdienst um die Bekehrung der Wenden oder Ostseeslaven in Wagrien,
und erbaute zu diesem Zwecke das Kloster Neumünster (Novum Monasterium).
Auch bewirkte er die Befestigung des Alebergs, als eine Veste Deutschlands
gegen die Wagrier, und unter deren Schutze baute sich um eine Bekehrungs=
kirche der Ort Segeberg an.

Adolfs I. Sohn und Nachfolger, Graf Adolf II., hatte, als ein
Lehensmann und Vasall des Herzogs von Sachsen, das Mißgeschick, in die
Wirren des deutschen Reiches mit verwickelt zu werden, weil er dem Herzoge
Heinrich (der Stolze oder auch Großmüthige genannt), der zugleich Herzog
von Baiern war, lehenspflichtige Beihilfe zu leisten gezwungen war.   Daher
kam es auch, daß, als der Markgraf Albrecht (der Bär) das nördliche Herzog=
thum Sachsen einnahm, dieser den holsteiner Grafen, Adolph II., ver=
jagte und die Grafschaft Holstein mit Stoermarn an den kriegslustigen Vasallen
Heinrich von Badewide gab, der auch einige Zeit sich im Besitze der
Grafschaft erhielt. Allein noch vor dem Tode des Herzogs Heinrich, also vor
dem Jahre 1139, war Graf Adolf II. bereits wieder in dem Besitze von
Holstein, und war unter der Minderjährigkeit Heinrichs (des Löwen) sogar so
glücklich, um das Jahr 1142 das nach der Verjagung des Wendenfürsten
Pribislav, der sich während Adolfs Exile, sogar Theile von Holstein
angemaßt hatte, nun völlig eroberte Wagrien als Lehen zu empfangen.

Seine erste Sorge aber war, das mehre Jahrhunderte hindurch von
Kriegen verwüstete und fast veröbete Wagrierland durch Ansiedelung germa=
nischer Bevölkerung neu zu beleben. Auch führte er dieses Unternehmen sogar
in großartigem Maaßstabe aus, nachdem bereits die christliche Geistlichkeit
ihm im Kleinen darin vorgearbeitet hatte, so daß das Slaventhum in Wag=
rien wirklich bedeutend sich vermindert, oder theilweise selbst germanisirt hatte.
Die neuen Anbauer für Wagrien zog der Herzog zum kleinern Theile aus dem
volkreichen Holstein und Stoermarn, zum größten Theile aber aus
Westphalen und Friesland, ja, sogar aus dem damals sehr übervölker=
ten Flandern und Holland (Batavien).

Diese durch Graf Adolf II. nach Wagrien gezogenen Einwanderer,
welche man schon seit alter Zeit die „hollischen Colonieen" zu nennen
pflegte, haben sich aber hauptsächlich in der holsteinschen Kulturgeschichte durch
Veredelung des Landbaues, namentlich durch Regelung der Bewässerung und
durch das Austrocknen der ungeheueren Sümpfe, indem sie zu diesem End=
zwecke Deiche anlegten, sowie durch die Ausrodung der undurchdringlichen
Urwälder wahrhaft verdient gemacht. Gleichzeitig verwandelte sich aber auch
der schon durch das Schwert der alten Sachsen eroberte Theil Wagriens mit
noch wendischen Bewohnern in Rittergutsbistricte, und die Insassen wurden
natürlich Leibeigene. Allein es verbreitete sich dieses Leibeigenschaftssystem auch
sogar baldigst über einen großen Theil des alten Nordalbingiens, dessen
Landvolk ebenfalls Hinterfassen der Odelinger oder der Besitzer von Lehens= und
Allodialgütern wurden. Einer mildern Hörigkeit erfreuten sich allerdings die
Hinterfassen der Kirchen= und Klostergüter, und es bewährte sich auch hier

das mittelalterliche Sprichwort: „Unter dem Krummstabe ist gut wohnen", während sich jedoch die Bauern der unmittelbar gräflichen und nachmaligen herzoglichen Districte völlig frei von jeder Hörigkeit erhielten. —

Ueberdies hatte aber auch Graf Adolf II. bei seinem löblichen Bestreben das Landeswohl zu fördern, von der bekannten Habsucht des Herzogs Heinrich des Löwen Vieles geduldig zu tragen, mußte sich jedoch leider in den harten Willen seines Lehensherrn schmerzlich fügen. Namentlich betrachtete der Herzog, dem bereits des holsteiner Grafen Salzwerk zu Oldesloe ein Dorn im Auge gewesen war, mit Scheelsucht das Aufblühen der Hafen- und Handelsstadt Lübeck, welche ebenfalls zu dem Gebiete des ihm untergeordneten Grafen von Holstein gehörte, weil Lübecks emporblühende Handlung der herzoglichen Stadt Bardewick eine bedenkliche Nebenbuhlerin im überseeischen Verkehre bereits geworden war. Graf Adolf II. sah sich wirklich, nach vielen erfahrenen Unannehmlichkeiten von Seiten des Herzogs, endlich noch im Jahre 1158 bringend dazu veranlaßt, das von ihm 1140 völlig neu aufgebaute, und deshalb schon ihm so theuer und lieb gewordene Lübeck*) an denselben als fetten Bissen völlig abzutreten. Gewiß ist aber, daß nicht vom Herzoge Heinrich, der die neuerworbene Stadt zwar mit Privilegien begabte, sondern vom Grafen Adolf II. das berühmte Statut des lübischen Rechtes herrührt.

Adolf II. fiel auf einem Heereszuge gegen die Wenden, und er hinterließ einen unmündigen Sohn, Adolf III., dessen Minderjährigkeit leider in die Zeit des Streites zwischen Könige Friedrich II. und Herzoge Heinrich dem Löwen fiel, in dem Letzterer 1180 in die Reichsacht als treuloser Vasall erklärt und dessen Herzogthum an Graf Bernhard von Askanien (Anhalt) verliehen wurde. Adolf III. stand anfänglich auf Seiten Heinrichs, und focht 1180 in dessen Interesse tapfer in Westphalen, veruneinigte sich jedoch mit dem geächteten Herzoge, weshalb dieser ihn aus seiner Grafschaft vertrieb. Nachdem der König Friedrich II. den Graf Adolf nicht nur in diese wieder eingesetzt, sondern ihm auch die Einkünfte von Lübeck zugestanden hatte, begleitete er den König nach Palästina. Diese Abwesenheit Adolfs benutzte Heinrich, und nahm 1189 von Holstein wieder Besitz. Zurückgekehrt, eroberte jedoch Graf Adolf nicht nur Holstein wieder, sondern auch 1192 die Grafschaft Stade, mit der ihn der Erzbischof von Bremen belieh. Nachdem Adolf III. aus genannten Gründen von der Lehenshoheit Heinrichs des Löwen sich völlig los und ledig gemacht hatte, wollte er auch nicht sogleich den Herzog Bernhard als Lehensherrn anerkennen, wozu ihn jedoch sein Gönner, der König Friedrich II., endlich veranlaßte. Bald darauf gerieth Adolf mit dem benachbarten Dänemark, das seine Macht immer mehr zu vergrößern strebte, und bereits unter seinem Könige Waldemar I. (1157) Eroberungen in Pommern und Mecklenburg gemacht, sowie unter dessen Sohne, Kanut VI., 1182 längs

---

*) Das alte Lübeck lag vor 1138, in welchem Jahre es von den Rugiern gänzlich zerstört ward, an der Stelle des jetzigen Flecken Schwartau. Lübecks Besitz blieb zwischen Sachsen und Dänemark lange streitig, bis es endlich 1226 vom Könige Friedrich II. seine Reichsunmittelbarkeit erhielt, die aber erst durch die Schlacht bei Bornhövede, 22. Juli 1227, befestigt, worauf 1241 Lübeck die erste Stadt der Hansa ward.

der baltischen Küsten bis an die Weichsel herrschte, und endlich sogar unter
dessen Bruder, Waldemar II., Esthland, Liefland und Kurland erobert
hatte, in offenbare Mißhelligkeiten. Zu diesen gab die an der Eyder erbaute
Beste Rendsburg die erste Veranlassung; nächstdem aber bot der vom
Könige Kanut VI. von Dänemark sowohl, als vom holsteiner Grafen Adolf III.
gleich erstrebte Besitz des Ditmarscherlandes ferneren Stoff zum endlichen Aus-
bruche des offenbaren Krieges dar. Freilich endete dieser Krieg sehr unglücklich für den Graf Adolf III.: er ward vom Dänenkönige gefangen genommen,
und das ganze nordalbingische Gebiet, Holstein, Stoermarn nebst Wagrien kam
1201 in Dänemarks Besitz, das den Stiefbruder Adolfs III., Albrecht von
Orlamünde, als Grafen einsetzte. Zum Glücke der armen Bewohner der
holsteiner Grafschaft, die unter dem dänischen Zepter harte Bedrückungen zu
erfahren hatten, währte diese Dänenherrschaft nur bis zum Jahre 1225, nachdem der Dänenkönig Waldemar II. 1223 in die Gefangenschaft des Grafens
Heinrich von Schwerin gerathen war. Graf Adolph III. führte in der
Schlacht bei Bornhövede, am 23. Juni 1227, den Oberbefehl. Hamburg*),
das Dänemark bei diesem Streite seinem Statthalter, dem Grafen Albrecht
von Orlamünde, überlassen hatte, verkaufte, so zu sagen, bei dieser Gelegenheit
seine Freiheit auf lange, und kam unter Holstein.

Nachdem der 23. Juni des Jahres 1227 durch den gefeierten Sieg
Adolfs III. über König Waldemar II. bei Bornhövede nicht nur Holstein
völlig befreit und dem Deutschthume zurückgegeben war, sondern auch die
übrigen Ostseeländer das dänische Joch abgeschüttelt hatten, und die Theilung
des Reiches Dänemark unter die beiden Söhne Waldemars III., Erich und
Abel, das Mißgeschick über die dänische Krone mehr und mehr heraufbe-
schworen, benutzte auch Holstein diese mißliche Lage Dänemarks, und zwar sehr
klug und weise, indem es die Wiederherstellung der alten deutschen Markgrafschaft und des nachmaligen Herzogthums Schleswig deshalb erstrebte, um
dadurch gleichsam eine neue Vormauer gegen die Anmassungen Dänemarks
für Deutschland zu errichten. Holstein erstrebte endlich auch wirklich die Unabhängigkeit dieses Herzogthums unter einem neuen Fürstenhause, aus dem
Stamme des dänischen Herzogs Abel**), einer Seitenlinie des Königshauses,
und setzte klüglich durch einen 1326 zuerst errichteten Tractat mit Dänemark
fest, daß nach Erlöschen des Abelschen Mannesstammes das
erledigte Herzogthum Schleswig nicht an Dänemark zurück,
sondern an das Haus Holstein, schauenburgischen Stammes,
als Lehen übergehe, und daß überhaupt Schleswig niemals
wieder dem Königreiche Dänemark einverleibt, sondern vielmehr zur Sicherstellung Holsteins gegen eine sehr leicht mög-
liche abermalige Ueberrumpelung und Usurpation von Seiten
Dänemarks bei jedesmaliger Erledigung des Lehens stets

---

*) Hatte zwar später beim König und Kaiser Karl IV. einen Versuch zur Erlang-
ung seiner Reichsfreiheit gemacht, doch Nichts erreicht. Die holsteinische Territorialhoheit über Hamburg ward aber nach und nach sehr locker.

**) Schwiegersohn des Grafen Adolfs IV. von Holstein.

wiederum sofort in Lehen gegeben werden sollte. Dieser Tractat ward auch 1330 durch den Grafen Gerhard von Holstein, der Große genannt, endlich mit Dänemark vollgiltig abgeschlossen, welcher unter dem Titel der „Constitutio Waldemariana", von nun in der Geschichte Dänemarks sowohl wiederholt als ein in stattliche Beziehung tretender Vertrag, als auch namentlich Schleswigs, als staatsrechtliches Fundament, und in's Besondere als eine Selbstständigkeits- und Erbfolgeacte geltend gemacht worden ist; worauf wir nochmals zurückkommen.

Adolf III. war 1232 bereits zu seinen Vätern versammelt worden, und ihm folgte sein Sohn, Adolf IV., den der Vater schon bei Lebzeiten, 1225, zum Grafen von Holstein ernannt hatte. Dieser verlieh den Städten Itzehoe, Kiel, Aldenborg und Ploen dieselben Freiheiten als Lübeck seit Adolf I. besaß, versuchte auch in Verbindung mit Dänemark Lübeck zu unterwerfen. Doch in einer Seeschlacht, welche 1234 die Lübecker den Dänen lieferten (die erste Schlacht zur See, welche sie gewagt, und einen ganzen Tag dauerte), retteten sie ihre Unabhängigkeit, und nach dem Ausspruche des deutschen Königs Konrad IV. mußte Graf Adolf sich seiner Ansprüche 1238 entäußern.

Die Söhne des holsteiner Grafen Adolfs IV. theilten leider Nordalbingien 1243 in zwei Theile: in das Land der Linie zu Kiel und der zu Rendsburg, und diese hatten sich unter den Nachkommen derselben sogar in noch mehre Theile geschieden. Diese Linien standen übrigens zu einander bald in freundlichen, bald in feindseligen Verhältnissen, ja, diese Theilung war bereits im 14. Jahrhunderte dahin gediehen, daß mehre dieser Grafen nicht mehr als eine Stadt oder einen Amtsbezirk besaßen. Unter ihnen zeichneten sich jedoch besonders, wie wir baldigst sehen werden, Zwei vortheilhaft aus. Graf Johann I. und Graf Gerhardt I. waren die ersten Landestheiler; jener erhielt die Stadt Kiel nebst Gebiete, sowie das Wagrierland, und dieser Holstein mit Stoermarn. Des Ersteren Nachkommen bildeten die Linie Kiel und des Letzteren Nachkommen die Linie Rendsburg. Deren Schwester Mechtildis, war die Gemahlin des fünften dänischen Herzogs Abel von Schleswig, der, nachdem er seinen ältern Bruder, Erich VI. (Plongpenning genannt, seit 1242 König), 1250 ermordet hatte, demselben auf dem Throne von Dänemark folgte, aber bereits 1253 auf einem Kriegszuge gegen die freien Friesen erschlagen ward; während jedoch seine Nachkommen von der Erbfolge in Dänemark ausgeschlossen blieben.

Die Linie Kiel erlosch schon nach 4 Gliedern zuerst. Johannes I., der seinem Vater 1238 folgte, starb 1263. Ihm folgten sein Sohn Adolf V., wegen seiner Gemahlin der „Pommer" genannt, der ohne Erben 1308 starb, sodann Johann II., der 1316 das Zeitliche segnete. Die 5 Söhne des Letztern theilten das Land der Linie Kiel in 5 Theile, indem Johannes Ploen und Bronnhorst, sowie Nicolaus Oldesloe erhielten, doch ohne Erben starben, während Adolf VI. Segeberg (ward 1315 ermordet), Johannes III. Femarn und Heinrich Kiel erhielt. Letzterer hatte keine Nachkommen und starb 1317, allein Johannes III., der 1359 starb, sich den Namen der „Freigebige" erwarb, und nach seiner Brüder Tode Kiel, sowie Ploen, Oldesloe und Segeberg wieder erbte, hatte einen Sohn,

Adolf VII., mit dem jedoch die Linie Kiel 1390 ausstarb. — Johanns I. Söhne waren mit den Ditmarsern und mit Lübeck in Fehden verwickelt, und seine Enkel, welche sogar den eigenen Vater gefangen nahmen, und ihn zu der erwähnten Theilung zwangen, machten sich durch drückende Steuern so verhaßt bei ihren Unterthanen, daß diese sich sogar öfter deßhalb unruhig zeigten. Dagegen war Johann III., der „Milbe" genannt, beliebt; er beförderte vornehmlich den Handel in Kiel, stand mit Lübeck auf gutem Fuße, und verkaufte diesem sogar Travemünde. Uebrigens nahm er an den damaligen, durch zwei gleichzeitige Könige bedingten Staatsveränderungen in Dänemark thätigen Antheil, weil König Christoph II. sein Halbbruder war.

Die Linie Rendsburg oder Holstein beginnt mit Gerhard I., der 1281 starb, zuvor aber noch die Grafschaft Schauenburg vom Vetter Konrad ererbt hatte. Gerhard hatte zwei Söhne, Gerhard II., den Jüngern, welcher die Herrschaften Pinneberg und Schauenburg erhielt, und Heinrich I. den Aeltern, welcher in Rendsburg residirte und 1310 das Zeitliche segnete. Ersterer pflanzte die Linie Pinneberg-Schauenburg fort, welche erst mit Otto VI., als letztem Grafen von Schauenburg im Jahre 1640 ausstarb, ohne daß ein Glied dieser paragirten Seitenlinie je einen Einfluß (außer daß Einige derselben sich als tüchtige Vormünder gezeigt) auf der Grafschaft Holstein staatliches Verhältniß geübt hatte; doch machten nach dem Absterben der Linie Rendsburg, mit dem Grafen Adolf VIII., diese Grafen von Schauenburg, die eigentlich nur gutsherrliche Rechte auf dem holsteinischen Paragium Pinneberg gehabt haben, 1459 dennoch Ansprüche auf Holstein.

Heinrichs I. Sohn, Gerhard V., oder der „Große" genannt, hatte ebenso wie sein Vater und Oheim, Kämpfe mit den Ditmarschern zu bestehen, während er mit der Haupthansestadt Lübeck, gegen die sein Vater öfter Partei ergriffen, in freundlichem Verhältnisse stand. Allein die Ditmarscher brachte er endlich zur größten Verzweiflung, die aber auch in dem erbittertsten Kampfe gegen ihn, besonders für sein Heer die traurigsten Folgen hatte: denn es fielen in einer 1319 gelieferten Schlacht zwölf verbündete Grafen sowie 2000 vom Adel und von den freien Landsassen auf der Seite der Holsteiner.

Außerdem stand Graf Gerhard 1325 seinem Neffen und Mündel, dem Herzoge Waldemar V. von Schleswig, gegen den König Christoph II. von Dänemark, der sich ebenfalls als dessen Vormund gerirte, bei, und Waldemar bestieg sogar mit Hilfe des Oheims, Gerhard, und unter der Reichsstände vollem Zugeständnisse 1326 den dänischen Thron, wofür Letzterer Jütland und Schleswig erblich als Lehen erhielt. Allein Graf Johann III. von Holstein-Kiel verhalf dem Könige Christoph II., seinem Halbbruder, von Mutter Seite, nach 4 Jahren wieder zum Throne, und Gerhard räumte dem entthronten Waldemar das Herzogthum Schleswig wieder ein, was dieser bis an seinen Tod 1365 besaß. Graf Gerhard V. hatte sich 1330 mit Dänemark auf Grund der „Constitutio Waldemariana", bei Königs Christoph II. Wiederbesteigung des Thrones, darüber vertragen, daß für den Fall, daß des Exkönigs Waldemar Geschlecht aussrübe, die Erbfolge im Herzogthume Schleswig seinen Nachkommen, den Grafen von Holstein, aus dem Hause Schauenburg, für alle Zeit gesichert sei. Waldemars Nachfolger in Schleswig, war der Sohn Heinrich, der jedoch ohne Erben im Jahre 1375 starb, und somit der letzte Herzog Schleswigs aus dem abelschen Stamme*) war. Der Zeitpunkt, in dem die holsteiner Grafen ihr Erbfolgerecht auf das Herzogthum Schleswig endlich zur Geltung bringen konnten, hatte also nicht lange auf sich warten lassen. Es traten daher auch ohne Weiteres die Söhne Gerhards V., Heinrich II., welcher in Segeberg residirte, und der rendsburger Graf Nicolaus, mit ihren Ansprüchen hervor, und verlangten die Belehnung mit dem Herzogthume Schleswig. Diesem Verlangen ward jedoch anfänglich von der dänischen Regentschaft Weigerung entgegengesetzt; doch aber endlich von der klugen Königin Margarethe, der „nordischen Semiramis", dieses gewährt, und die erbliche Belehnung der holsteinschen Grafen erfolgte im Jahre 1386.

Nach Gerhards des Großen am 1. April 1346 durch den jütischen Odelinger Niels Ebbenson gewaltsam herbeigeführten Tode suchten dessen Söhne, Heinrich II. und Nicolaus, den Vater zu rächen**). Dänemarks Bemühungen, den beiden holsteiner Grafen die gemachten Eroberungen dänischer Bezirke wieder zu entreißen, waren vergeblich, und König Waldemar III. hatte sich sogar genöthigt gesehen, dem Grafen Heinrich I. 8000 Mark Silber für Seeland zu zahlen. Heinrichs Schwester sollte des Königs Hakon von Norwegen Gemahlin werden, doch König Waldemars III. kluge Tochter Margarethe, welche 1387—88 die drei Kronen: Schweden, Norwegen und Dänemark, auf ihrem Haupte vereinigte, machte ihr den Rang

---

*) Das Herzogthum Schleswig, welches, wie schon angedeutet, in seinem Umfange Süderjütland, Nordfriesland und die vormalige Markgrafschaft Schleswig in sich faßt, wurde bereits in der Mitte des 11. Jahrhunderts als eigenes Fürstenthum, von dem dänischen Reiche abgesondert regiert, und eigentlich von der Krone Dänemark als ein Paragium angesehen. Die Herzöge von Schleswig stammten seit Olav V., der vor seiner Thronbesteigung, also vor 1058, Herzog zu Schleswig war, bis auf Heinrich III. sämmtlich aus der dänischen Königsfamilie, und lange fand nur eine persönliche Belehnung einzelner Königssöhne mit Schleswig Statt. Als aber 1352 der dänische König Abel, Waldemars II. Sohn, von den freien Nordfriesen erschlagen worden war, behaupteten sich zuerst dessen Nachkommen in dem Besitze des Herzogthums Schleswig, weil er selbst erst schleswiger Herzog gewesen war, und die Reichsstände nicht den Sohn des erschlagenen Königs, den Herzog Waldemar, sondern Abels Bruder, Christoph I., zum Könige wählten. Waldemar jedoch nöthigte den König Christoph, ihn endlich als Herzog von Schleswig wirklich mit der Fahne zu belehnen, und das Herzogthum blieb von jetzt an als echtes Fahnenlehen beim Stamme Abels bis zum Jahre 1375.

**) Der Schauplatz der wahrhaft bewundernswerthen Waffenthaten mehrer holsteiner Grafen war meist Dänemark, dem nie genug Vergeltungsrecht dafür geübt werden konnte, was es ein Jahrhundert früher an dem altdeutschen Nordalbingien Schmachvolles verübt hatte. Die Hauptursache zu den Kämpfen mit Dänemark war aber auch hauptsächlich und zunächst in der alten engen Verbindung zu suchen, die zwischen dem holsteiner Grafenhause und dem herzoglichen Hause Schleswig bestand. Letzteres suchte stets durch den Beistand der holsteiner Grafen sich gegen die Eigenmächtigkeiten der dänischen Könige zu schützen, während Ersteres wieder in dem selbstständigen Schleswig eine Vormauer gegen das treulose Dänemark erblickte. Die Gemeinschaft der Interessen hatte auch in beiden Häusern vielfach die Familienbande immer inniger verschlungen.

streitig. — Ferner hatten sogar die Schweden dem Herzoge Heinrich von Schleswig-Holstein ihre Krone angeboten; allein er schlug dafür des mecklenburgischen Herzogs Albrecht I. Sohn, Albrecht, vor, dessen Mutter des schwedischen Königs Magnus, genannt „Schmek", Schwester war, der (beian gesagt) auch die Krone erhielt, aber sich als König bei den Schweden so verhaßt machte, daß er endlich abgesetzt wurde. — Graf Heinrich I. starb 1381 und Graf Nicolaus, Heinrichs Bruder, brachte es in der Erbfolgeangelegenheit Schleswigs eigentlich bei der Königin Margarethe dahin, daß seines Bruders Sohn, Gerhard VI., 1386 mit dem Herzogthume Schleswig, als erster Herzog aus dem Hause der Grafen zu Holstein, schauenburger Stammes, belehnt worden war. Nicolaus, der von der schauenburger Grafenlinie Wagrien zurückerhalten hatte, starb 1390 ohne Leibeserben. Graf Gerhard VI., der neue Herzog von Schleswig, blieb dagegen 1404 in einem Feldzuge gegen die Ditmarscher, und hinterließ drei unmündige Söhne, Heinrich III., Adolf VIII. und Gerhard VII. (Posthumus), sowie eine Tochter Hedwig, welche in erster Ehe mit Balthasarn, Fürsten der Wenden, und in zweiter Ehe mit Theodorich (Fortunatus) Grafen zu Oldenburg, verheirathet, während deren Sohn Christian aber Graf von Oldenburg war, der als erster Oldenburger das Herzogthum Schleswig-Holstein 1459 ererbte, auf den wir baldigst zurückkommen müssen.

Den Söhnen Gerhards VI. hatte überdies die Königin Margarethe, weise die Verhältnisse erwägend, welche aus einer Feindschaft mit den holsteiner Grafen, als Herzögen von Schleswig, für Dänemark im Weigerungsfalle sich gestalten müßten, im Laufe der Jahre 1386 bis 1392, bei vorkommenden Todesfällen im neuen schleswigschen Herzogenhause wiederholt den erblichen Lehensbesitz von Schleswig bestätigt. Ja, sie trat sogar denselben mit Wohlbedacht die Oberhoheit über Ostfriesland und Langeland freiwillig ab, weil sie dadurch allein von dieser Seite der dänischen Grenzen her die Ruhe während der mehrjährigen Verhandlungen hinsichtlich der wegen Schwedens, nach der Gefangennahme des Königs Albrecht, 1397 errichteten kalmarischen Union sichern zu können, sich überzeugt hielt.

Die Dreikronen-Königin Margarethe starb 1412 und ihr mit Hakon von Norwegen erzeugter Sohn, Olav VI. war vor ihr und dem Vater 1387 gestorben. Heinrich von Stabe, ihr Nachfolger in den drei Königreichen, und Sohn ihrer Nichte, Maria, der Tochter ihrer Schwester, Ingeburg, und deren Gemahls, des Herzogs Heinrich von Mecklenburg, welche an Wratislav VII. von Pommern verheirathet war, zeigte sich aber nicht geeignet, Margarethen in den drei Königreichen nur im Mindesten zu ersetzen, weshalb er auch 1439 als König des Nordens von den Ständen der drei Reiche des Thrones verlustig erklärt wurde. Margarethe hatte ihn bereits 1387 in Norwegen und 1396 in Schweden und Dänemark zu ihrem Thronerben erwählen lassen, und den Norwegern zu Liebe dessen Namen „Heinrich" mit der nordischen Form dieses Taufnamens „Erik" oder „Erich" vertauscht.

Die leidenschaftlichen Versuche, welche König Erich zur Wiedervereinigung des Herzogthums Schleswig mit der Krone Däne-

mark machte, waren jedoch, trotz der blutigen Kriege, welche daraus unaus-
bleiblich hervorgingen, vollständig vergeblich.

Der Vormund der drei unmündigen Söhne Gerhards VI., der Graf
Heinrich von Schauenburg, hielt dem Könige Erich zuerst tapfern
Widerstand, und der Krieg begann mit ziemlicher Erbitterung, in dem sich
jedoch Dänemark durchaus keinen Vortheil erkämpfte. Selbst der deutsche
König Sigismund hatte sich in die schleswiger Angelegenheit gemischt, und
that sogar den befremdenden Ausspruch, daß die Grafen von Holstein
wieder Schleswig an Dänemark abtreten sollten, worauf sich
Graf Heinrich II., da er bei dem deutschen Reichsoberhaupte sein Recht
nicht gefunden hatte, sogar an den Papst wendete. — Jedoch starb Graf
Heinrich vor dem Ausgange der schwierig gewordenen schleswiger Angelegenheiten im Lager vor Flensburg, im Jahre 1427. Währenddem hatten aber die
Hansestädte, welche schon Heinrichs Bundesgenossen unter dem Vortritte
Lübecks gewesen waren, für die beiden hinterlassenen Brüder, Adolf VIII.
und Gerhard VII., eine Flotte von 260 Schiffen ausgerüstet. Mit dieser
stattlichen Flotte belagerten sie, ohne auf Sigismunds Ausspruch zu achten,
das Herz von Dänemark, Kopenhagen (d. h. Kaufhafen). Da nun endlich
doch für den Dänenkönig die Haltung der starken hanseatischen Flotte zu bedenklich wurde, so willigte er in einen Vergleich. Der baldigst vermittelte
Friede ward geschlossen, und Graf Adolf VIII., der seinen jüngern Bruder,
Gerhard VII., überlebte, erhielt von Neuem im Jahre 1435 das Herzogthum Schleswig zugesprochen.

Die Dänen wählten nach der Entthronung Erichs von Pommern, im
Jahre 1439, dessen Neffen, Christoph von Bayern, Sohn der Sophia,
Schwester Erichs und Gemahlin des Pfalzgrafen Johannes, Herzogen von
Bayern, der, unter dem Namen Christoph III., 1439 als „König im Nor-
ben" mit den 3 Kronen begabt wurde, aber eben nicht gemächlicher diese
Kronen als sein Vorfahr trug, durch seinen plötzlichen Tod (im Jahre 1448)
jedoch vieler noch größerer Verlegenheiten überhoben ward.

Auch König Christoph war anfänglich nicht allein von Schweden, sondern auch von Holstein wegen Schleswigs bedroht, weshalb er auf ausdrück-
liches Verlangen der damals weit vernünftigeren Reichsstände dem holsteinischen
Grafenhause von Neuem den erblichen Besitz von Schleswig, sowie alle früher
mit diesem eingegangenen Verträge bestätigte. König Christoph starb ebenfalls ohne Erben, und in Holstein und Schleswig regierte der gleichfalls kinder-
lose Adolf VIII., den sogar die Dänen nach Christophs Tode zum Könige
wählen wollten, was er jedoch ablehnte. Graf Adolf schlug vielmehr den
bänischen Reichsständen seiner Schwester Hedwig Sohn, Christian vor, die
in zweiter Ehe mit dem Grafen Theodorich von Oldenburg vermählt und
beim voraussichtlichen Erlöschen des Mannsstammes der schauenburger
Grafen in Holstein und Schleswig die eigentliche Erbin von diesen beiden
Ländern war.

Die Reichsstände Dänemarks hatten auch den Vorgeschlagenen des Herzogs
Adolf von Schleswig-Holstein 1448 zum Könige gewählt. Christian von
Oldenburg bestieg als Christian I. am 1. Sept. 1448 den bänischen und

am 28. Sept. den norwegischen, sowie auch am 24. Juni 1458 den schwebischen Thron, und seine Nachkommen haben in gerader Linie im Mannesstamme meist in Primogenitur die Krone Dänemarks 415 Jahre getragen.

Herzog Adolf VIII. von Schleswig-Holstein erhielt von seinem königlichen Neffen, noch ehe dieser die Huldigung empfing, die Freiheiten und Rechte
des vereinten Landes Schleswig-Holstein und seiner Landesstände anerkannt und bestätigt. Und diese von dem ersten Oldenburger auf dem
Dänenthrone ausgefertigten und vollzogenen Freiheitsbriefe,
in welchen die vertragsmäßige Erwerbung der Landeshoheit
über Schleswig-Holstein ausgesprochen ward, enthalten, mit
Inbegriff der in der Constitutio Waldemariana vom Jahre
1226—30 für alle Zeiten verbrieften Erbfolge, namentlich das
urkundliche Fundament der schleswig-holsteinischen Landesrechte.

Der schleswig-holsteiner Herzog und Graf von Holstein, Adolf VIII.,
starb als der letzte Sprosse des schauenburger Grafenstammes in Schleswig-
Holstein im Jahre 1459, und dem Rechte nach hätte allerdings nach diesem
eingetretenen Todesfalle die Grafschaft Holstein an die Seitenlinie des erst
1640 mit dem Grafen Otto VI. erloschenen Grafenhauses Schauenburg,
aus dem Stamme des durch König Konrad II. 1030 zum Grafen erhobenen
Freien zu Salingsleven oder Sandersleben, Adolfs I., übergehen
sollen, während das Herzogthum Schleswig zu Folge der Tractate von 1326
und 1330, sowie deren wiederholte Bestätigungen von 1386 bis 1392, welche
auch vom Dänenkönige Christoph III. noch überdies den schleswig-holsteinischen Ständen bestätigt worden waren, von Neuem in Lehen gegeben werden
mußte.

Allein die vereinigten Stände Schleswig-Holsteins und der König
Christian I., aus dem Hause Oldenburg, nebst dem dänischen Reichsrathe
hatten mittels Vertrags einen gewissermaßen neuen Rechtsstand geschaffen,
der mit dem Tode Adolfs VIII. von Schleswig-Holstein seine volle Anwendung fand.

Sie hatten nämlich festgestellt, daß I. Schleswig und Holstein
auf ewige Zeiten unter einem gemeinschaftlichen Fürsten vereinigt bleiben sollten; II. daß der Schwestersohn des Grafen
Adolf VIII., Christian, Bruder des regierenden Grafen von
Oldenburg, König von Dänemark und erwählter Landesfürst
von Schleswig-Holstein werden solle; III. daß die Stände
und Insassen beider vereinigten Länder auch künftig befugt
sein sollten, ihren Landesfürsten zu wählen, jedoch unter den
Nachkommen und Verwandten des Königs Christian I.; IV. daß,
wenn der jedesmalige Landesfürst zugleich König von Dänemark sein würde, die Gemeinschaft der Fürsten durchaus keine
Gemeinschaft der Kriege oder Staatseinrichtungen nothwendig
erheische. — Ueberdies hatte schon der zum Könige von Dänemark erwählte
Graf von Oldenburg den Ständen Schleswigs für sich und seine Erben feierlichst geloben müssen, den Vertrag von 1330 unverbrüchlich aufrecht zu er-

halten, damit das Herzogthum Schleswig nie wieder dem Königs-
reiche Dänemark einverleibt würde.

In dieser von Seiten des Stammvaters der mit dem am 15. Nov. 1863
verstorbenen Dänenkönige, Friedrich VII., ausgestorbenen königlichen Linie
des oldenburger Hauses gegebenen Magna charta für Schleswig-Holstein
erklärte aber auch König Christian I., daß er nicht als König von Dänemark, sondern aus freier Gunst für seine Person als Herzog
von Schleswig und Graf von Holstein von den Ständen gewählt worden sei, und daß daher diese beiden Länder nicht
als Provinzen Dänemarks betrachtet werden, sondern von
demselben ewig geschieden, doch sie selbst ungetrennt beisammen
bleiben sollten. Er erklärte ferner, daß die Stände Schleswig-Holsteins
das Recht behalten sollten, aus seiner Familie die künftigen
Landesfürsten zu wählen. — Wichtige Zugeständnisse für die Folgezeit! —
Außerdem wurden für die Stände und Landeinsaßen Schleswig-Holsteins als Rechte bestätigt, daß sie die Befugniß der Steuerverwilligung behalten sollten, auch nur die damals übliche lübeck'sche und hamburger Münze
als die gangbare Landmünze gelten solle, daß ferner jedes Jahr nach grundgesetzlicher Bestimmung ein Landtag gehalten werden sollte, und zwar für
Schleswig auf dem Felde zu Urnehöved, und für Holstein auf dem
Felde zu Bornhöved. Jedoch wurden von da an schon die Landtage
beider Länder in der Regel gemeinschaftlich abgehalten. Ueberdies waren
noch außerdem den Landschaften und Communen ihre eigenen hergebrachten
Gerechtsamen durch besondere Urkunden noch bestätigt worden.

Die Stände Schleswigs und Holsteins, sowie der König Christian I.
und die dänischen Reichsstände, welche es redlicher meinten, als größern
Theils ihre Nachkommen, hatten bei diesem Vertrage die aufrichtigsten Absichten für das Wohl Schleswig-Holsteins, wie zugleich Dänemarks, und
für die Zukunft überhaupt hochwichtige Zwecke im Auge gehabt. Vor Allem
wollten die Stände dadurch bezwecken, daß die seit Jahrhunderten geführten
blutigen Kriege, die Dänemark sowohl, das dabei meist im Nachtheile gestanden,
als auch Schleswig-Holstein verheert hatten, auf immer vermieden würden, und
daß zugleich die durch diese gegenseitige Kämpfe von Schleswig-Holstein
gleichsam erkaufte, öfter erneuete und aufrecht erhaltene Verbindung Schleswigs mit Holstein zu einer ununterbrochenen sich gestalten und zu einer wirklichen Staatenverbindung erhoben werden sollte.

Der König Christian I., der eigentlich weder in Schleswig, noch in
Holstein zur Erbfolge berechtigt war, erlangte aber dadurch zugleich, daß das
oldenburger Haus für immer in Schleswig und Holstein zur rechtlichen Erbfolge berechtigt wurde, und daß er außerdem als erwählter, erblicher König
von Dänemark noch ganz besonders das möglicherweise drohende Bündniß
zwischen Schweden und Holstein, welches bereits Dänemarks Grundfesten so
oft gefährdet hatte, für spätere Zeiten beseitigt, und das Dänenreich in Zukunft jedenfalls durch diese bedingte neutrale Stellung Schleswigs und Hol-

fteins von der Landfeite her auch gegen Deutfchland gleichfam gefichert und gefchützt werde.

B. Die deutfchen Herzogthümer Schleswig und Holftein unter dem oldenburger Grafenhaufe auf dem dänifchen Königsthrone, feit 1459.

König Chriftian I. von Dänemark hatte auf gefchehene Wahl zum Herzoge von Schleswig *) und Grafen von Holftein die Huldigung beider Länder empfangen, und verfprach, da er fich den billigen Wünfchen feiner dänifchen und deutfchen Unterthanen willig gerecht zeigte, dabei fehr haus= hälterifch regierte und durchaus nach der von ihm ausgeftellten Capitulation handelte, ja, fogar feine Hofhaltung nach dem Willen der dänifchen Reichs= ftände einrichtete, eine erfreuliche, fegenbringende Zukunft.

Was Chriftians Verhältniffe zu den in Schleswig-Holftein bei der Erb= folge übergangenen Grafen von Schauenburg=Pinneberg be= trifft, fo ift zu bemerken, daß Graf Otto von Schauenburg wegen aller weiteren Anfprüche auf die Graffchaft Holftein durch eine Geldfumme abge= funden wurde, weshalb zwifchen König Chriftian mit dem Grafen Otto am Sonntage Cantate des Jahres 1460 ein förmlicher Vergleich abgefchloffen ward **).

Ebenfo vertrug fich König Chriftian wegen des 3. Theiles feines Stammerbes, Oldenburg und Delmenhorft, mit feinen beiden Brüdern, Moritz und Gerhard. Er überließ Beiden 1454 feinen Antheil, wo= gegen feine Brüder erklärten, daß fie feinen Antheil ihm auf Begehren zurück= geben wollten, worauf er fich 1458 noch dahin mit ihnen vertrug, daß er fich nur „die treue Hand" an den Graffchaften vorbehalten wollte.

Allein Chriftian mußte fich auch noch wegen der Anfprüche feiner Brü= der, Moritz und Gerhard, an Schleswig=Holftein ganz befonders vergleichen, weil diefe Länder als ein Erbtheil ihrer Mutter Hedwig, der Schwefter des letztverftorbenen Herzogs und Grafen von Schleswig=Holftein, zu betrachten waren. Dies gefchah 1460 (Donnerftags und Freitags nach Invocavit), und laut Quittungen vom Jahre 1460 bis 1470 zahlte ihnen Chriftian eine be= deutende Entfchädigung ***), wonach alfo die in Oldenburg bis 1667

---

*) Des Königs Reversales, daß mit dem Königreiche Dänemark das Herzog= thum Schleswig nicht folle vereinigt werden, find am Tage vor Peter und Paul 1448 ertheilt. Lünig, Reichsarchiv Pars special. Cont. II. unter Holftein, S. 8.

**) In Lünigs Reichsarchive, Pars spec. Cont. II. ift der Vergleich und die Renunciation S. 16 u. 17 abgedruckt.

***) Vergl. Lünigs Reichsarchiv, Pars spec. Cont. II. S. 12 bis 24, wo auch die Quittungen über die erhaltenen Entfchädigungsfummen fich abgedruckt finden. Jeder der beiden Brüder erhielt 40,000 Rheinifche Gülden Entfchädigung für feine völlige Verzichtleiftung auf die Erbfolge in Schleswig-Holftein.

bestehende Linie der Nachkommen seines Bruders Gerhard (des Grafen Moritz Linie starb mit seinem Sohne Jacob bereits ab) durchaus keine Ansprüche auf Schleswig=Holstein erheben konnten, so lange die Nachkommen Christians I. in den herzoglichen Häusern Schleswig=Holsteins nicht völlig ausgestorben waren.

Nachdem ferner Christian seine Haus= und Staatsangelegenheiten so gut als möglich geordnet, und dabei gegen Alle, die zu ihm und Schleswig= Holstein in einem Verhältnisse standen, gerecht geworden war, reiste er im Jahre 1474 nach Rom, um dem Papste Sixtus IV. seine Verehrung zu zollen. — Auf dem Rückwege besuchte er auch den deutschen König, Fried= rich III., und dessen Sohn, den Erzherzog Maximilian (hieß eigentlich Maxi= mus Aemilianus), zu Rothenburg an der Tauber, welcher Besuch aber namentlich deshalb für Holstein von großer Wichtigkeit ward, weil Christian bei Friedrich III. mehre urkundlich verbriefte Concessionen für dasselbe aus= wirkte. Eines dieser Zugeständnisse war, daß die bisherigen Grafschaften Holstein und Stoermarn vereinigt und zu einem Herzogthume er= hoben wurden. Eine zweite dagegen setzte fest, daß das damals eigentlich noch herrnlose Land der Ditmarscher dem neuen Herzogthume Holstein einverleibt werden sollte. Ueberdies fand am 14. Febr. 1474 dabei eine förmliche Belehenung Christians als Herzog von Holstein und Herr von Ditmarschen Statt *). Die Ditmarscher waren jedoch mit dieser dem Christian gewordenen königlich=kaiserlichen Concession sehr natürlich nicht zu= frieden, sondern machten vielmehr deshalb beim Friedrich III. sofort Gegen= vorstellungen. Dieser nahm auch 1481 die ertheilte Belehnung mit Dit= marschen, weil es unter dem Erzbisthume Bremen stände, zurück, und verwies die Angelegenheit auf richterliche Entscheidung. Doch Christian erlebte die Entscheidung dieser bedeutsamen Streitfrage nicht.

Er starb am 22. Mai 1481, und hinterließ zwei mit der Wittwe seines Vorgängers, Christophs von der Pfalz, Dorothea, Tochter Johannes von Brandenburg, erzeugte Söhne, Johann und Friedrich. Letzterer war am 7. Juni 1471 geboren, also erst 10 Jahre alt. Die schleswig=holsteinischen Stände hegten jedoch die Absicht, den Prinzen Friedrich zu ihrem Herzoge zu erwählen, während der ältere Bruder, Johann, den dänischen Thron bestieg. Die Stände wollten dadurch ihr unter 3. vom Könige Christian neu bestätigtes Recht, wonach sie befugt waren, auch ferner ihren Landes= fürsten zu wählen, welche Wahl allerdings nur unter den Nachkommen des Königs Christian geschehen durfte, zur Anwendung bringen. Allein diese verlautbarte Wahl wurde, da man dadurch, besonders Seiten der dänischen Reichsstände, wieder eine Trennung der Herzogthümer von Dänemark be= fürchtete, vom Könige Johann und den Reichsständen hintertrieben. Doch als 1490 die Volljährigkeit des Prinzen Friedrichs eingetreten war, kam am St. Lorenztage dieses Jahres zwischen Johann und Friedrich ein für Schleswig=Holstein nicht eben geeigneter Theilungsreceß zu Stande.

---

*) Urkunde Friedrichs III. bei Lünigs Reichsarchiv Pars spec. Cont. II. S. 24.

Zufolge dieses Recesses wurden beide Herzogthümer nach Schlössern, Städten und Aemtern wirklich getheilt, und die beiden Landestheile nach den beiden Hauptsitzen benannt. Des Königs Johann Landestheil hieß der seeberg'sche und der des Herzogs Friedrich der gottorp'sche, nach dem Schlosse Gottorp bei der Stadt Schleswig also benannt, wo der Herzog seine Residenz aufschlug.

Uebrigens blieben die Stände beider Ländertheile Schleswig=Holsteins, die Prälaten und Ritterschaft, ungetheilt und die Regierung gemeinschaftlich; auch sollten die Landtage ferner gemeinsam gehalten werden. Außerdem hatten sich beide Brüder auch die von ihrem Vater gleichsam ererbte Anwart=schaft auf Ditmarschen vorbehalten, und nach längeren, aber lange frucht=losen Unterhandlungen mit den völlig benachbarten freien, nie von einem Adel geknechteten Ditmarscher, die fort und fort die Unterwerfung unter die Her=zöge von Schleswig=Holstein standhaft verweigerten, glaubte man das mit der Gewalt der Waffen erzwingen zu müssen, was man auf gütlichem Wege für unerreichbar erachtete, und man begann sehr ernsthaft umfangreiche Rüstungen zu einem Zuge gegen die unbeugsam sich zeigenden Ditmarscher zu betreiben, während diese zum Theile auf die für kriegerische Unternehmungen eines Feindes sehr schwierige und unförderliche Beschaffenheit ihres Landes ver=trauten.

Der Feldzug gegen die Ditmarscher ward im Winter des Jahres 1500 unternommen, weil man zu dieser Jahreszeit auf die festgefrorenen Sümpfe rechnete. Allein die tapfern Ditmarscher, welche in ihrer Kriegsführung die Lage ihres Landes glücklich zu benutzen verstanden, bereiteten dem dänisch=schleswig=holsteinschen Heere eine fürchterliche Niederlage. Es fielen allein zwei Grafen von Oldenburg, die Söhne des kriegerischen oldenburg=belmen=horster Grafen Gerhards, Adolf und Otto, sowie 60 holsteinsche Adelige und überhaupt 4000 Streiter in diesem furchtbaren Kampfe von den Strei=chen der sich, ihre Freiheit und ihr gutes Recht vertheidigenden Ditmarscher.

König Johann starb am 21. Febr. 1513, und sein mit der Tochter des Kurfürsten Ernst von Sachsen, Christine, erzeugter Sohn, Christian II., (Christiern), geboren 2. Juli 1481, ist, obgleich er mit guten Anlagen aus=gestattet, aber in der Erziehung verwahrloft und vom Despotismus beseelt war, mehr durch seine Hinterlist und Wortbrüchigkeit an Schweden, als durch Fürstentugenden bekannt. Die fast gleichzeitig in Schweden, Dänemark und Norwegen ausgebrochenen Revolutionen, an denen auch der nachmalige Schwedenkönig, Gustav Wasa, Theil nahm, führten zu seinem Sturze und seiner Gefangenschaft.

Sein Oheim, der gottorpsche Herzog Friedrich von Schleswig=Holstein, verstand es jedoch, durch sein schlaues und kaltberechnendes Wesen, ihm gleich=sam Schach zu bieten, und ihn durch einen Vergleich zu zwingen, die Eingriffe in die vom Großvater, Christian I., ertheilte Landesverfassung endlich aufzu=geben. So hatte Christian II. sogar den Plan gehabt, das Recht sich anzu=eignen, seinen Oheim Friedrich mit dessen Antheile an Schleswig=Holstein belehnen zu können, und so dieses souveräne Stellung zu der eines bloßen Vasallen der Krone Dänemarks herabzusetzen, nachdem er sich sogar bei dem

Befuche des beutfchen Königs Karl V., ben er eigentlich nur beshalb abftattete, um fich wegen bes fchauerlichen Stockholmer Blutbades zu entfchuldigen, be= reits eine Urkunbe für biefes Belehenungsrecht erfchlichen, welche jeboch beim Herzog Friedrich anfänglich ftarke Oppofition und enblich keine Beachtung fanb.

Uebrigens war bas bisherige Lehensverhältniß längft fchon ein anberes geworben, inbem ber feit 1434 auf ben holfteinfchen Lanbtagen als erfter Prälat agirenbe Bifchof von Lübeck fich vom beutfchen Könige Sigis= munb bas Recht erfchlichen hatte, bie Grafen unb nachmaligen Herzöge von Holftein zu belehenen. Doch bie Zufriedenheit ber Herzöge mit biefer eigent= lich nur formellen Belehenung, welche, genau genommen, boch nur eine bem Bifchofe vom beutfchen Könige aufgetragene war, hatte auch barin ihren Grunb, baß fie fich baburch am Leichteften von ben Reichslaften frei erhalten konnten. Ueberbies haben bie Bifchöfe von Lübeck biefes Belehenungs= recht nur bis zum Jahre 1548 ausgeübt, wo, burch bie Einführung ber Re= formation bebingt, bafür bie unmittelbare Belehenung Seiten bes beutfchen= Reichsoberhauptes eintreten mußte, unb fie ift bis zur Auflöfung bes beutfchen Reiches, im Jahre 1806, bei jebem Erbfolgefalle in Ausübung gekommen.

Zu Anfange bes Jahres 1522 begannen unter ben Obelingern im Jütlanbe bie erften Unruhen gegen König Chriftian II., als Herzog bes feeberg= fchen Lanbestheiles von Schleswig=Holftein. Die Lanbftänbe entfenbeten in aller Stille Botfchafter an ben Herzog Friedrich zu Schleswig=Holftein in Gottorp, benen fich felbft auch bie Reichsftänbe Dänemarks anfchloffen, unb boten bemfelben bie bänifche Krone an, bie er enblich auch nach einigem bebenk= lichen Zögern annahm. Sobalb aber Friedrich als König von Dänemark öffentlich gegen feinen Neffen aufgetreten war, fprach bie erfte Anklage gegen Chriftian II., als Herzog von Schleswig=Holftein, fich bahin aus, baß er, ben Verträgen feines Großvaters völlig zuwiber laufenb, mit ber Abficht fogar umgegangen fei, bie Herzogthümer bem Reiche Dänemark völlig einzuverleiben, unb fomit biefelben bem beutfchen Reiche zu entziehen.

Friedrich vertrieb im Bünbniffe mit Guftav Wafa, unb unterftützt von Lübeck (mit 2200 Mann Lanbtruppen unb 18 Schiffen), feinen Neffen, beffen Mißgefchick in allen brei Reichen felbft fein Schwager, ber beutfche König Karl V., zu bem er in ben Nieberlanben feine Zuflucht nahm, nicht abwenben konnte. Doch leiber warb, bei ben beften Abfichten Friedrichs I. für bie Herzogthümer, bennoch fein Regierungsantritt ber alten Lanbesfreiheit in einer anbern Weife für bie Zukunft höchft nachtheilig, inbem er ber bem Bürgerthume wenig geneigten Ariftokratie baburch Stärkung verlieh, baß er gegen bie Prälaten unb Ritterfchaft, welchen er allerbings feine Erhebung zum Dänenkönige unb ben Sieg über ben allgemein gehaßten Neffen, Chri= ftian II., zu verbanken hatte, fich burch eine Vermehrung ihrer Rechtsbe= fugniffe bankbar zu beweifen fuchte.

Eine natürliche Folge bavon warb, baß, nachbem bisher Geiftlichkeit, Abel, Bürgerftanb unb ber freie Bauernftanb auf ben burch bie fo= genannten „Privilegien ber Lanbe" von 1448 unb 1460 beftätigten Lanbtagen gleich vertreten war, unb auch Oftfrieslanb unb Ditmarfchen nach ihrer Einverleibung fehr ähnliche Rechte übten, fowie Lanbtage unb Gemeinbe=

verſammlungen abhielten, ſpäter der Bauernſtand endlich ganz von der land=
ſtändiſchen Verſammlung wegblieb.

Dagegen hatte die Einführung der Reformation, welche beſonders
Friedrichs Sohn, Chriſtian III., ſchon als Statthalter in Schleswig=
Holſtein ſelbſtthätig gefördert hatte, auf den Zuſtand dieſer Länder einen ſehr
wohlthätigen Einfluß. Sie fand ſogar bei der däniſchen und ſchleswig=
holſteiner Geiſtlichkeit, namentlich an Franz Wormord, Peter Pal=
ladius und beſonders Johann Tauſſen, ſehr eifrige und dabei geiſtig be=
gabte Verbreiter. Die erſten proteſtantiſchen Gemeinden waren in den
Städten Huſum und Hadersleben. Es erſchien ſogar bereits im Jahre 1524
ein landesherrliches Toleranzedict, worin die Duldung der evangeliſchen
Confeſſion ſelbſt anempfohlen und jede Religionsverfolgung ſtreng verboten
ward, das außerdem den Mönchen und Nonnen freiſtellte, ihre klöſterlichen
Convente verlaſſen zu können und den Prieſtern ſich zu verehelichen die Erlaub=
niß ertheilte. In den nächſten Jahrzehnten ging nach und nach das Verlaſſen
von drei Nonnenklöſtern in Holſtein vor ſich, während aber leider in Schles=
wig die Ritterſchaft ein vorzüglich dotirtes und reich begütertes Nonnenſtift
für ſich in Anſpruch nahm, um ſeine unverheirathet gebliebenen Töchter ſicher
verſorgen zu können, welche Uſurpation gleichfalls eine ſchroffere Stellung
zwiſchen Adel und Bürgerſtand herbeiführen mußte. Die Beſitzungen bal=
digſt aufgehobener Klöſter wurden entweder von der Regierung völlig einge=
zogen oder zum Theile für Armenunterſtützungsanſtalten oder für das ver=
beſſerte Schulweſen verwendet.

Der Statthalter Schleswig=Holſteins, der Herzog Chriſtian III., war
überdies in Begleitung des Ritters Johann Ranzow auf dem Reichstage
zu Worms 1521 mit zugegen geweſen. Er hatte Luther ſelbſt geſehen und
gehört, und war durch deſſen vor dem deutſchen Könige, Karl V., und der
Reichsverſammlung gezeigten evangeliſchen Heldenmuth ſo ſehr begeiſtert
worden, daß er nach ſeiner Rückkehr namentlich den gegen die Mißbräuche
des Papſtthums predigenden Carmeliter Paul Elias, im gemeinen Leben
Poulc Wendekaabe geheißen, ſowie die lutheriſchen Prediger von Witten=
berg ungehindert in den Herzogthümern duldete, jedoch dabei keinen Zwang
gegen katholiſch Geſinnte zuließ, was aber nur dahin wirken mußte, daß
binnen weniger Jahre der Katholicismus in Schleswig=Holſtein ſpurlos
verſchwunden war. Die neue Kirchenordnung für die Herzogthümer, an
deren Abfaſſung beſonders Luthers Freund, Dr. Johannes Bugen=
hagen, der Pommer, unmittelbaren Antheil hatte, ward endlich auf einem
zu Rendsburg abgehaltenen Landtage im Jahre 1542 als Grundgeſetz
für die ſchleswig=holſteiniſche Kirchenverfaſſung angenommen, und im Lande
publicirt.

Der durch ſeinen durchaus reinen und echt humanen Charakter wirklich
ausgezeichnete Herzog Chriſtian III.*) folgte nach dem Tode ſeines wahr=
haft königlich geſinnten Vaters, Friedrichs I., ſofort in den Herzogthümern

---

*) Der Vater der bekannten ſächſiſchen Kurfürſtin Anna, Nichte des Herzogs
Adolf, Stammvaters der gottorpſchen Linie, und ältere Schweſter Herzogs Johann,
Stammvaters des Hauſes Sunderburg. —

Schleswig-Holstein, während er im Königreiche Dänemark, obgleich zunächst berechtigter Agnat, mehre Jahre ein Widerstreben der Reichsstände, sowie des dänischen Adels, und vorzüglich auch der für den vertriebenen König Christian II. Partei ergreifenden Lübecker, unter der Anführung des Grafen Christoph von Oldenburg, zu erfahren hatte. Doch endlich behielt Christian III., der 1533 auch dem schmalkaldischen Bunde beigetreten war, die Oberhand. Während der Zeit dieser Kämpfe wirkte er dahin, durch eine auf ewig geschlossene Union *) das Band, welches Dänemark mit den Herzogthümern verknüpfte, für die Zukunft inniger zu verschlingen, welche Union, genau genommen, nur ein gegenseitiges Schutz- und Trutzbündniß war.

Im Jahre 1536 gelangte Christian III. endlich zum ruhigen Besitze der dänischen Krone, und herrschte auch noch bis 1544 ungetheilt über die Herzogthümer. Doch als in diesem Jahre seine Stiefbrüder Johannes (geb. 1521), und Adolf (geb. 1526), namentlich (Friedrich war erst 1529 geb.) der mittlere Adolf erst mündig geworden waren, wollte er ihnen durch eine abermalige Theilung der Herzogthümer in drei Theile gerecht werden. Der königliche Landestheil war der sunderburgsche **), der zweite, welchen Herzog Johannes ***) erhielt, war der haberslebensche, und den dritten oder gottorpschen, erhielt Herzog Adolf. Dieser ward der Stammvater des Hauses Holstein-Gottorp, das jetzt noch in älterer Linie auf Rußlands Throne, als Haus Holstein-Gottorp-Romanow, seit 1762 blüht, während ein Ast der jüngern Linie, im Jahre 1751, mit Adolf

---

*) Gab bis zum Jahre 1660 öfter Veranlassung zu Zwistigkeiten zwischen den königlichen und herzoglichen Häusern, obgleich diese Union 1623, am 9. Mai, sowie am 1. Mai 1637 erweitert und verbessert worden war. Lünigs Reichsarchiv Pars. spec. Cont. II. S. 69. 70.

**) Die ältere Stammlinie des alten Hauses Oldenburg in Dänemark und Schleswig-Holstein trennte sich also 1544 mit den Söhnen Königs Friedrichs I., Christian III. und Adolf, in zwei Hauptlinien, in die ältere königliche, mit Dänemark und Schleswig, und in die jüngere oder Holstein-Gottorpsche, mit Holstein. Die Ansprüche auf dieses Herzogthum fielen jedoch 1773 der ältern Hauptlinie (der königlichen) gegen Tausch, mit Oldenburg und Delmenhorst, wieder zu. Der König Friedrich II., als ältester Sohn Christians III., pflanzte das ältere königliche Haus fort, das auch keine weitere Trennung durch Linien wieder erfuhr. Dagegen ward Friedrichs II. jüngster Bruder, Herzog Johann, Stammvater des herzoglichen Hauses oder der Nebenlinie des königlichen Hauses, Holstein-Sunderburg, welche auch nach dem Erlöschen des königlichen Hauses im Mannesstamme ein unbestreitbares Erbrecht auf die Herzogthümer Schleswig-Holstein hat. Diese herzogliche Nebenlinie Sunderburg blühte seit 1622 in vier Aesten: Sunderburg, Norburg, Glücksburg und Ploen; von diesen Aesten erlosch Norburg 1722, Glücksburg 1779 und Ploen 1764. Der älteste, jetzt noch allein blühende Ast der herzoglichen Nebenlinie, Holstein-Sunderburg, theilte sich jedoch seit 1627, in fünf Zweige: den Franzhagener, katholischen, Augustenburger, Becker und Wiesenburger, von diesen Zweigen starb Franzhagen 1708, der katholische 1727 und der zu Wiesenburg 1744 ab, während jetzt nur der dritte Zweig, Holstein-Sunderburg-Augustenburg, und der vierte: Holstein-Sunderburg-Beck, der seit 1825 Holstein-Sunderburg-Glücksburg heißt, noch blühen.

***) Starb am 2. October 1580 ohne Erben.

Friedrich auf ben schwebischen Thron kam, jeboch burch Gustavs IV. Thronentsagung (1809) baselbst in Abgang kam, unb mit bem Prinzen Gustav Wasa erlischt. Dagegen erhielt ber mittlere Ast bieser jüngern Linie, mit Friedrich August, am 14. Dec. 1773 von seinem Better, bem Herzoge von Holstein = Gottorp unb russischen Großfürsten Paul, bie am 16. October 1773 vom Könige Christian VII. gegen seinen An= theil an Holstein eingetauschten Lanbe von Olbenburg unb Delmenhorst geschenkt. Enblich aber fielen nach bem Aussterben bes mittlern Astes, welchem mit Georg Lubwig bie Abministration bes Bis= thums Lübeck 1773 zu Theil geworben war, mit bessen Sohne Peter I. im Jahre 1823 bie olbenburger Länber*) zu. Doch bie Folge hat es leiber gelehrt, baß biese Theilung ber Herzogthümer (1544) für ihre selbständige Entwickelung, als beutsche Staaten, nicht eben heilbringenb warb, obgleich bie Lanbtage auch ferner gemeinschaftlich von ben Fürsten berufen werben unb bie Ritterschaften ꝛc. unter gemeinsamer Regierung verbleiben sollten. Ebenso blieb eine Gemeinschaft ber Hoheitsrechte, bie man auch bamals noch über Hamburg, bas bereits Christian I. bie Hulbigung versagt hatte, unb selbst über Ditmarschen, sowie einige Zölle ausüben zu können vermeinte.

König Christian III. starb am 1. Januar 1559, unb sein Sohn, Friedrich II., bestieg ben bänischen Thron. Er verband sich mit bem Bruber, Johann, von Holstein = Sunberburg, sowie ben Oheimen, Jo= hann, zu Habersleben, unb Abolf von Holstein=Gottorp, unb rüstete auf ge= meinschaftliche Kosten zum Zuge gegen ben Bauernfreistaat ber Ditmarscher, unb ber schon im Kampfe gegen Christoph von Olbenburg, als Felb= herrn ber Lübecker, im Jahre 1536 siegreiche Johann Ranzow warb auch jetzt, (1559) Sieger über bie Ditmarscher**). Eine Theilung bieses

---

*) Das jüngere, gräflich olbenburgsche Haus, ober bie Nachkommen Ger= harbs, jüngeren Bruders bes Königs Christian I. von Dänemark, war 1667 ausge= storben, unb Dänemark nahm Olbenburg unb Delmenhorst, als bie ältere Linie, in Besitz, wogegen jeboch bie jüngere Linie, Holstein=Gottorp, Widerspruch erhob. Der Erbschaftsstreit bauerte mehr als 100 Jahre, unb enbete, wie schon erwähnt, enblich mit bem Tauschvertrage vom 16. October 1773, woburch ge= nau genommen, bas Haus Holstein=Gottorp abgefunden ist, unb auf eine Erbfolge in Holstein selbst keine Ansprüche machen kann. ba bas Haus Holstein=Sunberburg, boch als ein Ast ber königlichen Linie, barin vorgehen muß. Die Grafschaften Olbenburg unb Delmenhorst wurden vom Kaiser Joseph II. am 29. December 1774. zum Herzogthume unb burch ben Wiener Congreß, im Jahre 1815, zum Großherzogthume erhoben.

**) Ditmarschens Vergangenheit hat etwa folgenbe, für bie Geschichte beachtens= werthe Momente ber Zeit, ehe es 1559 eine holsteiner Provinz wurde. Es warb mit ben sächsischen, nörblich von ber Elbe gelegenen Gauen schon burch Karl ben Großen zum Christenthume bekehrt. Etwas später war es ein Gau ber Grafschaft Stabe, einer beutschen Grafschaft an beiben Elbufern; boch kam es mit bieser Grafschaft 1062 an ben Erzbischof Abelbert von Bremen. Schon bie stabe= schen Grafen unb auch ber Erzbischof konnten ben Ditmarscher nicht völlig Meister werben. Die von ben stabeschen Grafen in Ditmarschen selbst erbaute Burg, Bökeleburg, bie ben Ditmarschern eine Zwingfeste zu werben brohte, erstürmten sie, unb erschlugen babei ben Grafen Rubolf. Heinrich ber Löwe unterwarf sie im blutigen Kampfe, unb erbaute abermals eine Grafenburg, bie aber ebenfalls von ihnen erobert unb zerstört warb. Nach mehren ernsten Kämpfen benachbarter

Landes hatte keinen Einfluß auf dessen Verfassung; Holstein hatte jedoch dadurch einen nicht unbedeutenden und sogar für seine staatliche Abrundung einen vortheilhaften Erwerb gemacht.

Im Jahre 1564 vereinigten sich auf einem zu F l e n s b u r g abgehaltenen Landtage die drei Fürsten Schleswig-Holsteins unter Einwirkung der Land- stände, z u r b e s s e r n E i n r i c h t u n g d e r g e m e i n s c h a f t l i c h e n R e g i e r u n g. Man setzte nämlich zuvörderst fest, daß das P r i m a t jährlich wechseln solle, und daß die Reihenfolge der den Vorsitz führenden Fürsten durch das L o o s beſtimmt werden sollte. Ueberdies trat auf diesem Landtage noch der Bischof von Lübeck, der längst nach einer Art von Souveränität gestrebt hatte, mit der Anforderung auf: v o n d e r h o l s t e i n i s c h e n L a n d e s h o h e i t u n a b- h ä n g i g s e i n z u w o l l e n, was ihm einige Jahre später auch wirklich gelang. Die auf diesem Flensburger Landtage außerdem zum Besten seines Bruders, J o h a n n, gegebene Erklärung des Königs F r i e d r i c h II., daß er gesonnen sei, demselben von seinem Dritttheile der Herzogthümer noch einen Dritttheil abzutreten, fand bei den Ständen Widerspruch, weil man denselben n i c h t a l s r e g i e r e n d e n H e r z o g anerkennen wollte. Allein er und seine Nach- kommen, theilweise, haben trotzdem mehre Hoheitsrechte in dem sunderburger Landestheile in der Folge ausgeübt. Herzog J o h a n n der Jüngere, von Sunderburg, starb in hohem Alter, am 9. October 1622; über die Theilung seiner Nachkommen in vier Linien haben wir bereits Seite 23. Nota **) das Nöthige erwähnt. Der Dritttheil oder der Besitztheil des 1580 unbeerbt verstorbenen Herzogs von Holstein-Habersleben, Herzogs J o h a n n des Aeltern, ward getheilt den königlichen und gottorpschen Landestheilen zugewiesen.

So gab es von nun an eigentlich nur zwei wirklich r e g i e r e n d e H ä u s e r in Schleswig-Holstein, die des k ö n i g l i c h - d ä n i s c h e n Hauses Oldenburg- burg-Holstein und die des h e r z o g l i c h e n Hauses, welches in Gottorp seine Residenz hatte.

Das den Ständen von Schleswig-Holstein nach den Grundgesetzen von 1330, 1448 und 1459/60 für ewige Zeiten zugestandene Recht, den jedes- maligen L a n d e s h e r r n z u w ä h l e n, ward jedoch in der zweiten Hälfte des 16. Jahrhunderts wiederholt angefeindet, weil es die Herzöge nicht n u r a l s e i n e o f f e n b a r e S c h m ä l e r u n g i h r e r l a n d e s h e r r l i c h e n W ü r d e ansehen zu müssen glaubten, sondern weil es auch e n t s c h i e d e n d e m G e i s t e d e r Z e i t z u w i d e r s e i.

Fürsten um den Besitz Ditmarschens kam es nach der Schlacht bei B o r n h ö v e d wieder in den Besitz des Erzbischofs von Bremen, dem die freien Landgemeinden jedoch nur die Landeshoheit zugestanden, und Ditmarschen erhielt sich noch ferner als ein Bauernfreistaat, aus dem sie auch den Feudalstand, der sich bei ihnen einzunisten begann, wieder gänzlich verbannten. Die ritterbürtigen Odelinger wurden jetzt Bauern oder wichen, und behielten nur Namen und Wappen bei, ohne ein Standesvorrecht beanspruchen zu dürfen. Das endlich nach den vielen, mit Dänemark und Schleswig-Holstein bestandenen, und bereits erwähnten Kämpfen im Jahre 1559, im Sommer, besiegte Land ward anfänglich in drei, und nach Herzog J o h a n n s Tode und Abgange der haberslebenschen Landesportion in zwei Theile, in Süder- und Norderditmarschen getheilt, welche Eintheilung in zwei Landvogteien, noch jetzt besteht.

Besonders war es der Herzog Philipp, zweiter Sohn des Herzogs Adolf, Stifter der holstein-gottorpschen Linie, der dem Vater 1587 folgte, allein bereits am 18. October 1590 an der Schwindsucht, 20 Jahre alt, starb, welcher, obgleich erfolglos, sich durchaus dem Wahlrechte der Stände widersetzte. Der ihm folgende jüngere Bruder, Johann Adolf, war jedoch glücklicher in seiner Bestrebung gegen das Wahlrecht der Stände: denn es gelang ihm, die Stände wirklich dahin zu bestimmen, daß sie im Jahre 1608 wenigstens das Wahlrecht für seine Linie aufgaben, und es ward unter der Zustimmung des deutschen Reichsoberhauptes für das Haus Holstein-Gottorp die Primogenitur-Erbfolge festgestellt, was mindestens das Gute hatte, daß für die Zukunft dadurch jeder Landestheilung vorgebeugt ward.

Einige Jahrzehent später ward auch in der königlichen Linie für Holstein mittels Erbstatuts die Primogenitur-Erbfolge festgestellt, und die Bestätigung der landständischen Rechte erfolgte seit dieser Zeit bei jedem Regierungsantritte des Erstgeborenen stets mit Auslassung des durch das Erbstatut aufgehobenen ständischen Wahlrechts.

Der unglückselige breißigjährige Krieg, der ganz Deutschland in das größte Elend, und seine Fürsten in nachhaltige, besonders für ihre Länder verderbliche Zerwürfnisse brachte, rief auch zwischen den holsteiner Herzögen vieljährige Zwiste hervor. Christian IV. war seinem Vater, Friedrich II., 1588 auf dem dänischen Throne, sowie als Herzog von Schleswig-Holstein gefolgt, und er war ein kluger und thätiger Fürst, auch nie abgeneigt, das Wohl seiner Unterthanen zu fördern; doch war er als kampflustiger Kriegsheld durchaus nicht glücklich, was seine Kriege in den Jahren 1563 bis 70 und 1611 bis 13, mit Schweden namentlich bewiesen.

Wallenstein nebst Tilly drangen im Jahre 1627 mit 30,000 Mann in Schleswig-Holstein und Norderjütland ein, nachdem sich König Christian IV. zuvor schon (seit 1625), von den Ständen des niedersächsischen Kreises, als Herzog von Holstein, zum Kreisobristen hatte erwählen lassen, aber zu Hameln vom Walle gestürzt war, und, nachdem sein Bundesgenosse, der Graf Ernst von Mannsfeld, bei dem von Wallenstein vor Dessau angelegten Brückenkopfe, die bekannte Niederlage, am 25. April 1625, erlitten, schlüßlich selbst bei Königslutter am Barenberge die Schlacht verloren hatte. Christian zog sich auf die dänischen Inseln zurück, und ward vom deutschen Reichsoberhaupte als Herzog von Schleswig-Holstein seines Landestheiles für verlustig erklärt, worauf sogar die Stände dem deutschen Könige und römischen Kaiser Ferdinand II. huldigen mußten. Daraus wollte aber der kluge Herzog von Schleswig-Holstein-Gottorp, Friedrich III., der sich gezwungen gesehen hatte, die Partei Ferdinands II. zu ergreifen, und seine Lande zum größten Theile den wallensteinschen und tillyschen Kriegsvölkern einzuräumen, für sich einen Nutzen ziehen, und bewarb sich beim deutschen Könige Ferdinand II. wegen der Belehnung mit dem offenen Reichslehne, dem königlichen Antheile an Schleswig-Holstein. König Christian IV., wegen dieses nicht eben vetterlichen Streiches des Herzogs erbittert, besetzte sofort den herzoglichen Landesantheil von Schleswig, und belagerte Friedrich in seiner Residenz bei Gottorp. Mittlerweile schloß König Christian mit Ferdinand II. 1629 den Frieden zu Lübeck, wodurch auch die früheren staatlichen Verhältnisse wieder hergestellt wurden.

Allein es war nun einmal der Saamen der Zwietracht zwischen beiden holsteinschen Herzogshäusern, dem königlichen und gottorpschen, gesäet, der auch bereits im Jahre 1630 aufgehen sollte.

Durch das Aussterben des Mannesstammes der Grafen von Schauenburg, im Jahre 1640, steigerte sich leider zwischen den beiden Herzögen von Schleswig-Holstein, dem Könige Christian IV. und dem Herzoge Friedrich III. zu Gottorp, die Uneinigkeit noch um ein Bedeutendes. — Die streitige Auslegung der Theilungsverträge hatte, wie wir sahen, seit Christian III. zu steten Zwistigkeiten geführt, und man konnte sich auch jetzt über die Theilung des schauenburger Landes lange nicht einigen. Im südlichen Holstein gelegen, hatte von der zweiten Hälfte des 13. Jahrhunderts an, seit Gerhard II., Grafen von Holstein-Schauenburg-Pinneberg, die zweite Linie der alten Grafenfamilie der Schauenburge diesen Landstrich besessen. Doch es kam endlich noch zwischen ihnen ein Vertrag zu Stande.

Allein bald brach in dem zwischen König Christian IV. und Schweden, unter der Königin Christina, der letzten Sprossin aus dem Hause Wasa, ausgebrochenen Kriege die nur unter der Asche fortklimmende alte Feindschaft zwischen den beiden Herzögen von Holstein, dem Könige und Herzoge Friedrich III. wieder zur Flamme aus. Der Herzog hatte sich, trotz der seit 1533 zwischen ihren Häusern zur gegenseitigen Hülfsleistung geschlossenen Union *), als die Schweden 1643 in die Herzogthümer einfielen, völlig neutral gehalten, und als König Christian IV. nicht ohne Opfer den Frieden zu Bromsbroe im Jahre 1645 zu Stande gebracht, ward der Herzog durch die Schweden gegen den König wegen Verletzung der Union ausdrücklich sicher gestellt.

Als aber Christian IV. am 28. Febr. 1648 das Zeitliche gesegnet, und sein Sohn, Friedrich III., der ihm auf dem Throne Dänemarks, sowie im Herzogthume Holstein gefolgt war, mit dem kühnen Schwedenkönige Karl X. Gustav, aus dem Hause Pfalz-Zweibrücken, 1657 in Krieg verwickelt ward, welcher das Dänenreich dem Sturze nahe brachte, verletzte abermals Herzog Friedrich III. von Holstein-Gottorp die alte Union.

Herzog Friedrich III. von Gottorp war nämlich seit 1654 Schwiegervater des Schwedenkönigs, und es war sehr natürlich, daß Friedrich seinen Schwiegersohn im Vordringen gegen Dänemark durch Holstein nicht aufhielt. Daher kam es aber auch, daß Karl Gustav in dem zu Roeskilde 1658 abgeschlossenen Frieden für seinen Schwiegervater, den Herzog Friedrich, die völlige Unabhängigkeit von Dänemark sich ausbedung, wobei noch eine besonders ausbedungene Vergrößerung des herzoglich gottorpschen Antheils an Schles-

---

*) War schon unter Friedrich I. 1533 zwischen dem königlichen und herzoglichen Hause errichtet worden, und hatte wiederholt Erweiterung und Erneuerung erfahren. Kraft dieser Union sollten nicht nur für beide Theile gewählte Schiedsrichter und Obmänner ihre Streitigkeiten erledigen, sondern sich auch beide Theile dazu verbindlich machen, einander in vorkommenden Kriegsfällen mit einer für alle Fälle genau bestimmten Kriegsmacht beizustehen.

wig nicht ausblieb. — Der politisch wichtigste Punkt des nach erneuetem Aus-
bruche des Krieges Seiten Schwedens geschlossenen Friedens zu Kopenhagen,
im Jahre 1660, war aber, außer der Feststellung der Vergrößerung des holstein-gottorpschen Landestheiles, der, daß dieser neugewonnene Antheil von Schleswig in ein völlig unabhängiges Verhältniß
kommen, die dänische Lehensabhängigkeit des Herzogs von
Holstein-Gottorp völlig aufhören sollte, und daß demselben
völlige Souveränität zugestanden würde. Doch erlebte Herzog
Friedrich III. *), der 1659 starb, die Ertheilung der Souveränitätsrechte
nicht, sondern erst sein Sohn und Nachfolger, Christian Albrecht **).

Dieser hatte sich 1667 mit der Tochter Königs Friedrich III. von
Dänemark, Friederike Amalia, vermählt, welche Verbindung augen-
blicklich zu der Hoffnung berechtigen konnte, daß die von beiden Häusern gezeigten Schwächen und alle einander früher zugefügten Kränkungen von nun an
vergessen und vergeben sein würden. — Allein dem war nicht so; der beider-
seitige Vortheil weckte nur zu bald neue Zwistigkeiten zwischen dem königlichen
und dem herzoglichen Hause, wozu vor Allem die Erbschaft der Stammgraf-
schaften Oldenburg und Delmenhorst die erste Veranlassung gab.

Die völlige Zerwürfniß trat aber dann erst ein, als, freilich nur der
dänischen Politik huldigend, welche den für Schleswig-Holstein-Gottorp
für seine Vergrößerung so günstigen kopenhagener Frieden noch nicht ver-
schmerzen konnte, der König Christian V., welcher seinem Vater Friedrich III. in Dänemark und Holstein 1670 gefolgt war, sich des herzoglichen
Theils von Schleswig völlig zu bemächtigen anschickte, und zu diesem Ende sich
in den Schutz auswärtiger Großmächte begeben zu wollen zeigte. — Das
herzoglich gottorpsche Gebiet von Schleswig ward auch wirklich von den königs
lichen Truppen besetzt, und der Herzog Christian Albert sah sich sogar
1675 genöthigt, sein Land zu verlassen; allein der nimwegener Friede veranlaßte
Christian V. zur Abtretung des herzoglichen Antheils an Schleswig wieder.
Der König und noch mehr die dänischen Reichsstände, welche von nun an auch
stets den Willen der Könige Dänemarks bestimmten, ruhten nicht, und
Christian zog abermals 1683/84 den seinem Schwager, dem Herzoge von
Holstein-Gottorp, zugehörigen Antheil ein, wobei er sich auf den mächtigen
Beistand Ludwigs XIV. von Frankreich verließ, während der zuletzt verstor-
bene König von Dänemark in ähnlicher Absicht ebenfalls auf den Beistand
auswärtiger Großmächte vertraut haben mag. Allein nach fünf Jahren ward
König Christian V. durch die Dazwischenkunft fremder Mächte 1689 in

---

*) Er hatte mit Maria Elisabeth, Tochter Johann Georgs I. von Kursachsen,
16 Kinder, 8 Prinzen und 8 Prinzessinnen, erzeugt, von welchen ihn nur 2 Söhne
und 5 Töchter überlebten.

**) Stiftete nach dem Plane des Vaters die Universität in Kiel, welche
deshalb auch „Christiana-Albertina" heißt. Der König, als erster Herzog Holsteins, that für diese für die Bildung der Herzogthümer so höchst wichtige Anstalt
der Wissenschaften freilich Nichts; ebenso engherzig waren aber auch die Stände
der Herzogthümer, und zu sehr dem Eigennutze hingegeben, als daß sie zur bessern
Dotirung der neuen Universität die nöthigen Mittel hätten bewilligen sollen.

einem zu Altona abgeschlossenen Vergleiche ernstlichst veranlaßt, daß der 1684 geflohene Herzog von Gottorp in seine Lande und Rechte wieder eingesetzt wurde.

Unbedingt ist auch nur in diesen, zum Theil schmachvollen Zerwürfnissen beider Regentenhäuser der Herzogthümer, der Könige von Dänemark und der Herzöge von Schleswig-Holstein, nicht nur die Ursache zu den unglaub= lichsten Bedrückungen und Landplagen des Krieges zu suchen, sondern es fand auch Schleswig-Holsteins alte Landesverfassung dabei ihren Untergang, und sogar der Zustand grundgesetzlicher Verfassungslosigkeit, der selbst über Däne= mark 1660 hereinbrach, ist eine Folge derselben. Ueberdies darf es uns nicht Wunder nehmen, daß auch selbst die königlichen Rechte damals zum Spiel= balle der treulosen und schmählichen Politik des Dänenthums wurden.

Herzog Christian Albert zu Gottorp starb am 17. Dec. 1694 und hinterließ 2 Söhne und 2 Töchter. Sein älterer Sohn, Herzog Fried= rich IV., folgte ihm in der Regierung. Ebenso schlau und berechnend als sein Vater gewesen, war der Sohn ein leidenschaftlicher und dabei kriegsliebender, nicht für die Werke des Friedens gelaunter Fürst. Ueberdies war Friedrich IV. ein intimer Freund des Schwedenkönigs, Karls XII., Sohns Karls XI. und der dänischen Königstochter Ulrike Eleonore, sowie Enkels Friedrichs Vaterschwester, Hedwig Eleonore. Er trat mit diesem Könige dadurch in noch nähere Beziehung, daß er sich am 12. Juni 1698 mit dessen Lieblings= schwester, Hedwig Sophia, vermählte. Friedrich IV. verweilte mehr am schwedischen Hofe, und überließ daheim die Regierungsgeschäfte seinem jünge= ren Bruder, Christian August, der Administrator des Stifts Lübeck war, unter dem jedoch Beamtete und Domanialpächter völlig nach Lust und Laune schalteten und walteten.

König Friedrich IV., von Dänemark bestieg am 25. Aug. 1699 den durch den Tod seines Vaters, Christian V., erledigten Thron, und übernahm mit der Regierung zugleich auch den schon vollendeten Plan zu einem mit Rußland und Polen verabredeten Kriege gegen Schweden, wo, noch unter der Vormundschaft der Großmutter, der Neffe Herzogs Friedrich IV., Karl XII., am 14. Dec. 1697 als erst 15jähriger König gekrönt worden war. Dieser Krieg galt der Wiedererlangung mehrer diesem Reiche verloren gegangener Pro= vinzen. König Friedrich ergriff 1699 die Initiative mit einem Einfalle in die schleswig-holstein-gottorpschen Lande, deren Herzog, Friedrich IV., wie schon erwähnt, zu dem schwedischen Hofe im verwandtschaftlich-freundschaft= lichsten Verhältnisse stand, und dessen landesherrliche Rechte bekanntlich durch Schweden festgestellt und garantirt worden waren. Königs Friedrich IV. Truppen richteten im gottorpschen Antheile Holsteins große Verheerungen an, und zerstörten namentlich daselbst mehre Schanzwerke. Schweden mahnte den Dänenkönig an seine früheren Verträge mit Holstein-Gottorp, und als endlich selbst die Vorstellungen Englands und Hollands fruchtlos blieben, so verließ der mittlerweile vom schwedischen Reichsrathe als majorenn erklärte Karl XII. im Mai 1700 Stockholm. Er landete, ohne übrigens je sein Schweden wieder betreten zu haben, mit seiner Heeresmacht auf Seeland, und bedrohte die Residenz Kopenhagen. Die Schnelligkeit des Vorgehens

und der unerwartete Angriff Karls XII. auf das Herz Dänemarks nöthigte
den Dänenkönig, Friedrich IV., nach einem nur sechswöchentlichen Kriege,
zu dem am 18. Aug. 1700 zu Travendal mit Karl XII. abgeschlossenen
Frieden, der vor Allem die landesherrlichen Rechte Herzogs Friedrich IV.
von Holstein-Gottorp sicherte, welche diesem noch im neuen altonaer Vergleiche
besonders festgestellt wurden.

Der kriegslustige Herzog Friedrich IV. begleitete nun seinen überaus
kühnen, sowie unaufhaltsam und siegreich gegen Rußland und Polen vor-
dringenden Schwager, Karl XII., auf dessen Zuge durch Liefland, Kurland
und Lithauen nach Warschau, fiel aber in der vom Könige August II. zur
Rettung seiner Polenkrone gegen Karl XII. gewagten Schlacht bei Klissow,
an des helbenmüthigen Schwagers Seite, am 9. Aug. 1702.

Friedrich IV. hinterließ seine Wittwe, Hedwig Sophia, die Schweden
gar nicht verlassen hatte, mit dem unmündigen Sohne, Karl Friedrich,
der am 10. April 1700 zu Stockholm geboren ward. Der minorenne Herzog kam unter die Vormundschaft seines Oheims, des Administrators im
Bisthume Lübeck, Christian Augusts, von dem die im Großherzogthume
Oldenburg seit 1773 regierende jüngere Linie von Holstein-Gottorp ab-
stammt. Allein diese Regentschaft war keineswegs zum Vortheile des Landes.
Der vormundschaftliche Regent Schleswig-Holsteins ward nämlich von dem
wohl geistig begabten und politisch gebildeten, aber höchst unredlichen Minister,
dem Freiherrn von Görtz, geleitet, dessen Ehrgeiz keine Grenzen und
dessen selbst angesponnene Intriguen kein Ende fanden, wodurch begünstigt
und verlockt, die Bestechlichkeit der Beamteten, Verkäuflichkeit der Aemter,
Unredlichkeit der Hochgestellten bei völliger Unsittlichkeit der Administration
selbst immer frecher hervortrat. Auch die landständischen Verhältnisse gestal-
teten unter dieser 16jährigen grauenhaften Vormundschaftswirthschaft und
unter den fortwährenden Anfeindungen von Seiten des Königs gegen das
herzogliche Haus, die zum Theile eine Folge des Krieges waren, welchen
König Friedrich IV. im Jahre 1709 gegen Karl XII., nach der für den
Schwedenkönig unglücklich ausgefallenen Schlacht bei Pultawa, erneuerte,
sich in völlig andere. Die Stände der Herzogthümer wurden 1711 zum letzten
Male zusammenberufen, man hatte aber nur an die Prälaten und die Ritterschaft dazu Einladungen ergehen lassen.

Der schwedische General Graf Steenbock schlug bei Gadebusch die Dänen
und fiel sodann in die holsteinschen Herzogthümer ein, während er die königliche Grenzstadt Altona mit Feuer und Schwert verheerte. Doch Steenbock
kam bald darauf in Bedrängniß durch das Herannahen der Russen, und zog
unter geheimem Zugeständnisse der gottorper Regentschaft in deren Landestheile von Holstein sich zurück. Er warf sich endlich sogar in die holstein-
gottorpsche Festung Tönning. Allein Steenbock durfte bei dem Mißgeschicke seines in Bender Zuflucht suchenden Königs auf keinen Ersatz hoffen,
und der Mangel an Proviant nöthigte ihn, zu kapituliren. Bei der Uebernahme Tönnings fand der Dänenkönig Papiere vor, welche das Einverständ-
niß der gottorpschen Regentschaft mit den Schweden vollständig beurkundeten,
weshalb er zur Wegnahme der schleswig-gottorpschen Lande sich anschickte, die er

auch wirklich als ein verwirktes Lehen betrachtete. Doch England und Frankreich traten jetzt als vermittelnde Mächte dazwischen, und ihnen gelang es
auch, durch den Frederiksburger Frieden, im Jahre 1720, den Besitz des
gottorpschen Hauses wieder zu garantiren. Trotzdem aber nahm der Dänenkönig die Huldigung der holstein-gottorpschen Ritterschaft, Aemter und Städte
entgegen; allein es kann damals von keiner Einverleibung der gottorpschen
Lande die Rede sein. —

Nachdem der bedrängte, nun endlich volljährig gewordene Herzog Karl
Friedrich am 30. April 1721 unter dem deutschen Reichsschutze die Regierung über den ihm noch gebliebenen Antheil an Holstein übernommen, verlegte er seine Residenz und den Regierungssitz von Gottorp nach Kiel. Der
Herzog suchte jetzt in Schweden Hilfe; allein er konnte sie nicht erlangen, da
mit dem Tode Karls XII. (in den Laufgräben von Friedrichshall am 1. Dec.
1718) sich hier für ihn Alles anders gestaltet hatte.

In dem 1721 zwischen Schweden und Dänemark zu Stande gekommenen
Frieden erkannte Schweden sogar den dänischen Besitz vom herzoglich gottorpschen Antheile Schleswigs an. Jetzt erhoffte der Herzog allein noch bei Rußland Hilfe zu finden. Zu diesem Endzwecke begab er sich an den russischen
Hof nach St. Petersburg, und ward daselbst nach längerer Bewerbung mit
der Tochter des Czars, Peters des Großen, der Großfürstin Anna Pe-
trowna (d. h. Peterstochter) aus dem Hause Romanow, verlobt, während
die Vermählung erst nach Peters Tode (starb am 8. Febr. 1725) am 1. Juni
dieses Jahres Statt fand. Herzog Karl Friedrich blieb bis zu seinem Tode,
am 18. Juni 1739, nur auf seinen holsteinischen Landestheil beschränkt. Er
lebte jedoch mehr in Rußland, und führte seit 1727 gemeinschaftlich mit den
Czarinnen Anna, Elisabeth, und dem Fürsten Menzikoff die Vormundschaft
über Peter II.

Herzog Karl Friedrich hatte einen unmündigen Sohn, Karl Peter
Ulrich, hinterlassen, der am 24. Febr. 1728 geboren war. Dieser folgte seinem
Vater unter Vormundschaft, ward aber als Peter Feodorowitsch (d. h.
Friedrichssohn) von seiner Tante, der Czarin Elisabeth, zum Großfürsten
und Thronfolger in Rußland am 18. Nov. 1742 erklärt, und folgte ihr als
Czar Peter III. am 5. Jan. 1762. Mit ihm kam das Haus Holstein-
Gottorp-Romanow auf den russischen Czarenthron. Er ward jedoch
schon am 9. Juli entthront und am 14. Juli 1762 ermordet, weil er zu
deutsch-holsteinisch gesittet und gesinnt war, Friedrich den Großen seinen
„Meisterkönig" nannte, auch eine holsteinsche Garde sich hielt, wodurch er,
zugleich auch als schöner Mann anerkannt, den Neid rege gemacht und die
russischen Großen gegen sich erbittert hatte. Sein mit der Tochter des Fürsten
Christian August von Anhalt-Zerbst, Sophia Auguste Friederike, welche
ihrem Gemahl, als Katharina II. Alexiewna (unbedingt war sie Gattenmör-
derin) auf dem Czarenthrone folgte, erzeugter Sohn, Paul I., Petrowitsch, war der
Letzte aus dem Hause Gottorp, der seinen Antheil an Holstein noch behauptete.

Während aber der schon erwähnte Herzog Karl Peter Ulrich die
Anwartschaft auf die Krone Rußlands erhielt, gelang es einem Prinzen von
dem älteren Aste der jüngern Linie Holstein-Gottorp, welcher das Bisthum

Lübeck seit dem 18. Sept. 1727 verwaltet hatte, dem am 14. Mai 1710 ge=
borenen und von mütterlicher Seite aus dem Hause Wasa stammenden Adolf
Friedrich, am 4. Juli 1743 zum Thronfolger in Schweden erwählt zu
werden. Er folgte dem Könige Friedrich, aus dem Hause Hessen=Kassel,
am 5. April 1751 in der Regierung, ward der Vater der Könige Gustav III.,
Karl XIII., und Großvater Gustavs IV., welcher Letztere am 13. März 1809
des Thrones entsetzt wurde, und am 29. März für sich und seine Nachkommen
der Krone Schwedens entsagte, sowie später unter dem Namen „Obrist
Gustavson“ in Deutschland lebte, und am 7. Febr. 1837 zu St. Gallen
in der Schweiz starb. Mit dieses Sohne, Gustav, der als Prinz von
Wasa seit dem 5. Mai 1829 in Oesterreich lebt, und der Vater der Kron=
prinzessin Carola von Sachsen ist, stirbt auch dieser ältere Ast der jüngeren
Linie des Hauses Holstein=Gottorp ab.

Der Großfürst von Rußland und Herzog von Holstein=Gottorp, Karl
Peter Ulrich, welcher fortwährend seinen Landestheil von Holstein bei=
behielt, ließ ihn von Kiel aus durch einen Geheimrath verwalten. Ueberdies
war er auch ernstlich darauf bedacht und entschlossen, sobald er einstmals als Czar
über eine größere Macht zu gebieten haben würde, auch seinen 1719 verloren
gegangenen Antheil an Schleswig der dänischen Gewalt wieder zu entreißen.
Ueberdies versuchte es der König von Dänemark, Friedrich V., der mittler=
weile auch den Besitz des holstein=ploenschen Zweiges der sunderburger Linie
vom Herzoge Friedrich erworben hatte, durch mehrfache Verhandlungen mit
dem Großfürsten, diesen dahin zu stimmen, damit ein Austausch des großfürst=
lichen Antheils an dem Herzogthume Holstein gegen die von ihm ererbten
Grafschaften Oldenburg und Delmenhorst endlich zu Stande käme, während
er das Austauschgeschäft mit dem schwedischen holstein=gottorpschen Hause
glücklich durchführte.

Der Großfürst war aber nur zu sehr erfüllt von der Erbitterung gegen
das königliche Haus wegen der wiederholten Unbilden, die seine Vorfahren
von diesem in schmachvollster Weise zu erdulden gehabt hatten, und glaubte
außerdem noch den Moment zu erleben, um das erduldete Ungemach endlich
rächen zu können, weshalb er auch jeden in der gedachten Tauschangelegen=
heit vom Könige Friedrich V. gemachten Auseinandersetzungsvorschlag stolz
zurückwies. Um seine Rache endlich vollführen zu können, schloß er daher
als Czar Peter III. sofort mit dem Könige Friedrich II. von Preußen einen
Frieden, während er seine Armee gegen Dänemark sofort ausrücken ließ.
Allein diese furchtbare Gefahr, welche jetzt von Rußlands Seite dem Dänen=
könige brohte, wurde noch durch die plötzliche Entthronung und Ermordung
des Czars abgewendet.

Peters III. Gemahlin, Sophie von Anhalt, welche als Katha=
rina II. ihm als Czarin folgte, hatte aber ganz andere Gesinnung gegen
Dänemark, weshalb die mit ihr wiederangeknüpften Austauschunterhandlungen
besser von Statten gingen, die sie aber doch nicht vor dem Mündigwerden
ihres Sohnes, des Großfürstens Paul, zum Abschlusse bringen wollte. Es
ward zwar bereits im Jahre 1768 ein provisorischer Tractat deshalb abge=

schlossen; allein die wirkliche Traditionsurkunde kam erst am 16. Nov. 1773 zur Vollziehung.

Dadurch waren nun mit einem Male die beiden Herzogthümer Schleswig-Holstein wieder unter dem ersten, königlichen Hause Oldenburg-Holstein vereint, und man hätte glauben sollen, daß dadurch diese Herzogthümer zur erwünschten Ruhe kommen würden, zumal die holstein-sunderburger Seitenlinien des königlichen Hauses von demselben als Paragiate abhängig waren.

Am Meisten hatte bei diesen mehr benn zwanzigjährigen Verhandlungen der dänische Staatsmann Hartwig Ernst von Bernstorf (der Aeltere) gewirkt, und besonders durch geschickte Führung der Unterhandlungen mit der indifferenten Czarin Katharina II. dieselben zu Ende gebracht. Diese hatte eigentlich nach dem von ihr selbst, als Rebellin gegen ihren eigenen Gemahl, Peter III., herbeigeführten Tode desselben, mittels Erdrosselns unter den Händen ihres Günstlings, Orlofs, an den Unterhandlungen gar kein Interesse, welche seit 1763 wieder Seiten des dänischen Kabinets angeknüpft worden waren.

Der Dänenkönig war so erfreut über den endlich glücklichen Erfolg der Verhandlungen, daß er den ältern Bernstorf, als Haupttriebfeder in denselben, für sich und seine Nachkommen zum Grafen erhob.

König Christian VII. bestätigte bei der Uebernahme des holstein-gottorpschen Antheils alle Freiheiten und Gerechtsame der Städte und Landschaft, sowie der Universität Kiel, einer herzoglich-gottorpschen Stiftung, und der damals als Minister fungirende jüngere Bernstorf richtete sein besonderes Augenmerk auf die Hebung des Wohlstandes dieses in den langen Streitigkeiten wahrhaft vernachlässigten Landestheiles.

Unter Christian VII. erreichten auch noch die Jahrhunderte hindurch geführten Streitigkeiten Dänemarks mit der Hansestadt Hamburg ihre Endschaft. Die im Jahre 1768 beendigten Unterhandlungen gediehen schließlich zu dem Resultate, daß die bisher noch von den holsteiner Herzögen prätendirte Territorialhoheit ferner nicht mehr beansprucht werden sollte. Beide herzogliche Häuser entsagten ihren Ansprüchen auf die Huldigung Seiten Hamburgs, und erkannten somit die Reichsunmittelbarkeit der Stadt in gehöriger Form an, wogegen dieselbe allerdings sehr hohe Schuldforderungen, die sie sowohl an das dänische Königshaus, als an die Herzöge von Holstein-Gottorp, sowie an den Großfürsten von Rußland rechtlich zu machen hatte, dabei freiwillig zum Opfer brachte.

Die Herzogthümer erfreuten sich namentlich nun auch der eingetretenen Zeit des Friedens und besonders der für sie wohlwollend gestimmten dänischen Regierung, an der Graf Bernstorf der Aeltere bis 1770 *), sowie bis 1772 Struensee, dann Hoegh-Guldberg, der Lehrer des Kronprinzen Friedrichs VI., und endlich der jüngere Bernstorf den größten Antheil hatten. Der Wohlstand des Bürgerstandes und Landvolkes in Schleswig-Holstein erreichte

---

*) Die letzten Jahre des ältern Bernstorf wurden dadurch getrübt, daß Graf Struensee, der bisherige Leibarzt des Königs, durch seinen Einfluß auf den unzurechnungsfähigen König den Bernstorf entfernte.

daher eine hohe Staffel *), und die standhaft behauptete Neutralität des dänischen Kabinets ward zugleich für den Handel der Herzogthümer segenbringend, weil sie deren Landesprodukten durch den bedeutend zunehmenden Schifffahrtsverkehr einen wirklich vortheilhaften Absatz verschaffte. Ja, man kann behaupten, daß für Schleswig-Holstein, vornehmlich durch den weisen, staatsmännischen Einfluß der beiden Grafen Johann Hartwig Ernst und seines Neffen Andreas Peter von Bernstorf, der des Oheims Begonnenes vollendete, eine wahrhaft goldene Zeit bereitet wurde. Am 14. April 1784 war auch der von Hoegh-Guldberg gebildete Prinz Friedrich VI. als Mitregent, obgleich erst 16 Jahre alt, eingetreten.

Doch der zweite große Minister Dänemarks, Graf Andreas von Bernstorf, der sich ein bleibendes Andenken selbst in den Herzogthümern gesichert hatte, starb leider zu früh, bereits am 21. Juni 1797, und zwar, im Hinblicke auf seinen geistesschwachen König, mit der bangsten Ahnung einer gewitterschweren Zeit, der selbst wohl der Kronprinz Friedrich nicht gewachsen zu sein schien. Nach dieses Bernstorfs Tode wurde vorzüglich gegen das selbstsüchtige England die Aufrechterhaltung der dänischen Neutralität immer schwerer, und der Bruch mit dem Krämerkabinete trat schneller ein, als man erwartet hatte. Der Prinz-Mitregent Friedrich vermochte ebensowenig, als es der König Christian VII., dem Geisteskrankheit schon frühzeitig das Selbstregieren unmöglich gemacht hatte, und der, seinen Ministern völlig freie Hand zu lassen, sich gezwungen sah, vermocht, den drohenden Sturm zu beschwören. Der Krieg mit England wegen der Neutralitätsrechte zur See war ausgebrochen. Die dänische Landarmee ward in Holstein zusammengezogen, und zu Ende des März 1801 waren bereits Hamburg und Lübeck von der englischen Flotte blokirt. Am 2. April entwickelte sich sogar der Kampf auf der Rhede vor Kopenhagen, in dem die kleine Flotte Dänemarks von der englischen besiegt wurde. Dieser Krieg war zwar nur von kurzer Dauer, allein er hatte dennoch durch die bedeutenden, Dänemarks Kräfte übersteigenden Rüstungen ungeheure Kosten verursacht. Eine Folge davon war, daß auch Schleswig-Holstein, nachdem die als außerordentliche Mittel Seitens Dänemarks gemachten Anleihen nicht mehr ausreichten, mit einer neuen Grundsteuer, die mit der Zeit sogar sich ungemein durch öftern Zuschlag erhöht hatte, am 1. Oct. 1802 belegt werden mußte.

---

*) Johann Hartwig Ernst von Bernstorf hatte zuvörderst wohlthätigen Einfluß auf die inneren Angelegenheiten des Landes durch seine Vorbereitung zur Aufhebung der Leibeigenschaft und Frondienste, sowie zur Theilung der Gemeinheiten, wobei zugleich er selbst auf seinen eigenen Gütern in Holstein mit gutem Beispiele voranging, ferner durch Verbesserung des Kirchen-, Schul- und Armenwesens, durch Beförderung des Ackerbaues und Gewerbsfleißes, sowie der Wissenschaften und Künste. Er war des Dichters Klopstock Gönner und verschaffte ihm einen Gnadengehalt vom Könige. Seine freigegebenen Bauern setzten ihm ein Denkmal.

C. Schleswig-Holstein als Provinz des dänischen Reiches im wandelbarsten staatsrechtlichen Verhältnisse; seit Beginn des 19. Jahrhunderts.

Der 1. Oct. 1801 ist so eigentlich ein für Schleswig-Holstein errichteter Markstein: denn von ihm abwärts wurden die Folgen des letzten noch vollständigen Landtags der Herzogthümer, im Jahre 1675, immer hervorstechender, nachdem man leider schon die Ausübung der früheren, bereits seit 1386 besessenen, aber nach und nach immer mehr verschnittenen Landesrechte fort und fort unsicherer gemacht hatte. Die seit 1660 von der lästigen Beschränkung, welche ihr die Vorrechte des eigenen Adels auferlegt hatten, befreite dänische Regierung strebte von nun an, auch in den schleswig-holsteinschen Herzogthümern eine gleiche Machtvollkommenheit zu erlangen. Ja, sie erreichte auch wirklich das Ziel ihres Strebens, wenn auch nur langsam, aber doch gewiß. Die Devise des dänischen Kabinets war in ihren Absichten auf Schleswig-Holstein: „Beharrlichkeit führt zum Ziele." Es übte in der That „die Macht der Langsamkeit," welche ihm in neuerer Zeit, namentlich in Rücksicht auf die Administrative, öffentlich zum Vorwurfe gemacht worden ist.

Vor Allem versuchte das dänische Kabinet, unter der Aegide der Macht der Langsamkeit, mit wahrer Fuchspolitik das nur schlummernde Mißtrauen und die unter den Bernstorfen durch Befreiung des Bauernstandes der Herzogthümer wirklich beseitigte Scheelsucht des dritten und vierten Standes gegen den ersten und zweiten Stand, die Prälaten und Ritterschaft, wieder wach zu rufen. Man hatte nämlich, wie wir sahen, seit 1712 dem dritten Stande das positive Recht, auf den gemeinschaftlichen Landtagen der Herzogthümer Sitz und Stimme zu haben, wirklich factisch entzogen, während man nur das negative Recht der Steuerexemtion, welches, als eine Prärogative eines bevorzugten Standes, blos gehässig erscheinen mußte, vorläufig fortbestehen ließ. — Man vertraute dabei auf die Zukunft, in der ohnehin die frühere Repräsentation auf den Landtagen der Herzogthümer in Vergessenheit gerathen würde. Zur Zeit der Bernstorfe hatte man diese dem dritten Stande mangelnde Repräsentation gar nicht vermißt, da dieser unter deren wohlthuendem Einflusse sich materiell und selbst geistig beglückt gefühlt hatte.

Ueberdies hoffte das dänische Kabinet aber auch, daß sich selbst die Ritterschaft durch fortwährende Nichtbeachtung ihrer eingegebenen Vorstellungen allmälich an den Verlust ihres frühern Einflusses gewöhnen werde, ehe noch das Kabinet den Moment für gekommen erachtet haben würde, die längst vorbereitete und sogar beschlossene Abänderung der alten schleswig-holsteinschen Landesverfassung zu publiciren.

Das dänische Kabinet hatte sogar weislich den Zeitpunkt der Publicirung einer abgeänderten Landesverfassung für die Herzogthümer so lange hinausgeschoben, bis sie von selbst gewissermaßen als die unerläßliche Pflicht einer mit dem Zeitgeiste fortgeschrittenen und auf das Wohl der Herzogthümer redlich bedachten Regierung erscheinen mußte. Somit heuchelte die dänische Regierung eine sorgsame Mutter, die sich aufrichtig berufen fühlte, endlich, nach langem Säumen, gesetzlich einzuschreiten, sobald sie sah, daß die früheren, unzeitgemäß gewordenen Landesrechte, durch den gewaltigen Einfluß der Zeitverhältnisse, sich nur als zu Prärogativen und Privilegien Einzelner ausgeartete wahrhaft herausgestellt hatten.

Der Plan der dänischen Regierung war jedoch zur Reife gediehen, und die nur noch aus Prälaten, sowie Ritterschaft bestehenden Stände erhielten am 1. October 1802 eine königliche Resolution, welche ihnen das Aus-schreiben einer Grund- und Benutzungssteuer ankündigte. Dieses derartige Ausschreiben einer Steuer erschien allerdings den Ständen ver-fassungswidrig, weshalb ihre Gegenvorstellungen und das damit verbundene Erbieten sich dahin aussprachen, daß man, Statt des den Her-zogthümern durch das Ausschreiben der dänischen Regierung geschehenen Auf-erlegens einer Grund- und Benutzungssteuer, vielmehr ein freiwilliges, beständiges, allein nach der Pflugzahl aufzubringendes Opfer mit demjenigen Quantum zu entrichten, hätte verlangen können, wozu sie überdies bei Ausmittelung der Staatsbedürfnisse an-gesetzt sein möchten. Man sah jedoch Seiten der Regierung darin zu unverkennbar das Bemühen der Stände hervorleuchten, wenigstens noch die letzten Spuren des frühern ständischen Rechtes nicht völlig verwischt zu sehen, überdies entging ihr auch nicht der darin kundgegebene, sie beunruhigende Zweifel, daß dieses Recht auch für jetzt noch in Berücksichtigung gezogen werden würde.

Und diese, die Stände beunruhigenden Zweifel waren in der That auch nicht unbegründet: denn die Nachwehen des kurzen, aber für Dänemarks Kräfte zu empfindlichen Krieges mit England, im Jahre 1801, sowie die wenige Aussicht, daß Dänemark unter obwaltenden politischen Verhältnissen für eine weitere Zukunft seine Neutralität würde behaupten können, mochten der Regierung immer mehr die Wichtigkeit eines unbeschränkten Rechtes zur Besteuerung der Herzogthümer vor Augen führen. Dieses unumschränkte Besteuerungsrecht ward demnach auch bereits in der Resolution der dänischen Regierung vom 17. December 1802 zum ersten Male als völlig unbestreitbar kundgegeben, und als eine unmittel-bare königliche Entscheidung ausgesprochen.

Die Seiten der Ritterschaft der Herzogthümer, namentlich an den König von Dänemark, als Herzog von Schleswig-Holstein, unterm 3. März 1803, gerichtete Bitte, welche um ein im Lande selbstzugewährendes recht-liches Gehör über den Inhalt ihrer Steuerverfassung nachsuchte, ward durch eine unterm 15. April 1803 gegebene königliche Resolution da-hin beschieden: „daß auf das oberwähnte Gesuch nicht einzu-treten sei".

In der Ritterschaft verlautbarte sich jetzt der Vorschlag, sich wegen recht-licher Erörterung der Steuerverhältnisse Schleswigs und Holsteins, als echt deutscher Staaten, die der König von Dänemark als deutscher Herzog zu berücfichtigen habe, an die damals noch bestehenden deutschen Reichsgerichte zu wenden. Allein die untröstliche Erfahrung von der Langsamkeit und dem Schleppenden des reichsrichterlichen Verfahrens, welche bei der voraussichtlich baldigsten Auflösung des Reiches noch mehr diese Befürchtung zu rechtfertigen schien, hielt die Stände von der bereits eingeleiteten Ausführung ihres Vor- habens ab.[*])

Wollte man selbst dieses resignirende Schicken in die Zeit und das ruhige Abwarten einer günstigern Veränderung der Zeitumstände von Seiten der holsteiner Ritterschaft wirklich mit der ernstlichen Besorgniß derselben entschul- bigen, daß man, im Falle der Nichterledigung dieses Rechtsstreites vor den Reichsgerichten, sodann Seiten der dänischen Regierung nur um so rück- fichtsloser gegen Holstein verfahren werde, so möchte diese Entschuldigung doch unbedingt nicht für die Stände Holsteins vor 1773 Anwendung oder wohl gar Geltung finden, wo das bis zu diesem Zeitpunkte noch großfürstliche Holstein, sowie die gemeinschaftlichen Landestheile unter eine Lan- deshoheit mit dem übrigen Herzogthume Holstein gelangten. Wollte man übrigens behaupten, daß von dieser Zeit ab bis zum Jahre 1802 die alte Verfassung der Herzogthümer Seiten Dänemarks durchaus keiner Anfechtung oder Verletzung preisgegeben worden sei, oder daß diese von der Ritterschaft ernstlich zurückgewiesen worden wäre, so würde eine solche Behauptung sich schwerlich genügend motiviren lassen. — Allein der ritterschaftliche Anspruch, daß Holstein nicht willkührlich unmittelbar besteuert werden durfte, war ebensowenig der Inbegriff der ganzen Verfassung, als überhaupt Prälaten und Ritterschaft nach grundrechtlichen Begriffen allein schon die Land- schaft der Herzogthümer ausmachten, weil der britte und vierte Stand nicht durch sie vertreten werden konnte. Das Nichtzusammenberufen eines wirklich neuen Landtages mußte nothwendig die Landesrechte allmälig zu Prärogativen Einzelner gestalten, da Dänemark die Prälaten und Ritter- schaft möglichst verschont hatte, und mußte endlich auch diese noch ihrer End- schaft entgegenführen. Es wäre daher nicht nur unbedingt die Aufgabe, sondern sogar Verpflichtung der Ritterschaft bereits im Jahre 1773, aber noch weit mehr im Jahre 1802 gewesen, gegen die Gefahren, welche den Herzogthümern und deren Verfassung drohten, den Beistand der deutschen Reichsgerichte anzurufen, der ihr gewiß in keinem Falle versagt worden wäre.

Aus Allem, was seit 1802 zur Wiederherstellung der alten Verfassung mit landständischer Vertretung in den Herzogthümern unter der Aegide der Preßfreiheit gedruckt und geschrieben ward, namentlich aus der 1822, von dem seit 1825 als Secretär der fortwährenden Deputation der Landstände fungirenden Friedrich Christoph Dahlmann[**]) verfaßten „Denkschrift der Prälaten und Ritterschaft des Herzogthums Holstein", welche

---

[*]) Das Nichtergreifen des Recurfes der holsteiner Stände an die Reichsge- richte ist auch später ihnen von Seiten des großherzoglich hessischen Gesandten beim Bundestage wirklich zum Vorwurfe gemacht worden.
[**]) War 31. Mai 1785 zu Wismar geboren, stammte aber eigentlich aus einer schwedischen Familie. Er ist vermöge seiner Stellung als ein beachtenswerther Schriftsteller in der Geschichte des Staatsrechts der Herzogthümer zu betrachten.

an die deutsche Bundesversammlung gelangte, leuchtet nur zu deutlich hervor, daß namentlich die den Bürger- und Bauernstand nie vertretende und zu aristokratisch gesinnte Ritterschaft Dänemark gegenüber am Meisten versehen und verspielt hatte, daß selbst den Ständen Holsteins Verfassung in den Formen zu alt erschienen, daß bedeutende Landestheile, obschon sie nicht rechtslos geblieben, dennoch schon früher nicht landständisch vertreten waren, daß überdies durch den letzten Landtag die Mitstandhaft der Städte in der That gefährdet worden war, daß ausserdem die Zahl der in die Hände nicht-ritterschaftlicher Eigenthümer übergegangenen Güter sich in den Herzogthümern bedeutend vermehrt, und selbst die Gesammtheit der Prälaten und Ritterschaft diesen ansehnlichen Theil der Landeskräfte, welcher in Holstein allein über 100,000 Einwohner umfaßte, bei Weitem nicht mehr vollständig repräsentirt hatte.

Hierzu kam noch, daß, wie Dahlmann bemerkt, eine milde, menschen-freundlichen Trieben folgende Regierung, von großer Einmüthigkeit aller Stände begleitet, durch Aufhebung der Leibeigenschaft (1788) den Bauernstand in zeitgemäßere, würdigere Verhältnisse einzuführen trachtete, daß die Preßfreiheit sich zu derselben Zeit in Schleswig-Holstein mit ent-schiedener Wirkung, und zwar ungemißbraucht, erhob, und damals durch den Eindruck der Neuheit in gewissem Sinne die Lücken ergänzte, und daß daher in dieser Zeit liberaler Ideen mancher verjährte Mißbrauch allein schon der öffentlichen Meinung wich, und deshalb auch namentlich die Prä-laten und Ritterschaft keine große Einstimmigkeit in Bezug auf ihre alten Wünsche und Befugnisse hoffen durften, sondern sich mit dem wenigen, recht-lichen Bestande allein schon begnügen mußten.

So gelangte am 1. October 1802 unaufhaltsam die neue Grund-steuer in Schleswig-Holstein, selbst ohne alle Beschränkung und wirkliche Ver-wahrung der Stände, zur Ausführung; sie trug aber auch die Kennzeichen der Uebereilung, mit der freilich diese schwierigste Arbeit durchgeführt worden war, vielfach zur Schau. Wo es überdies zu auffallend erschien, beschönigten die Taxatoren diese Eile der Abschätzung mit dem Anfangs unbedingt gering-fügigen Betrage der Abgabe von 4 lübischen Schillingen für die auf 25 Reichs-thaler (à 9 Schillinge = 22 Ngr. 7 Pf.) abgeschätzte Tonne Landes (d. i. für 160 ☐Ruthen hamburger Maß). Bei diesem Abgabesatze verblieb es jedoch nicht: er ward nur zu bald mehr und mehr gesteigert, und zwar nach Maßgabe des Bodens, so daß die auf 100 Reichsbankthaler geschätzte Tonne balbigst 7 Schillinge betrug, zu welchem Werthe sogar die Mehrzahl der Hof-felder veranschlagt worden war, bei welcher Abschätzung es jedoch ebenfalls noch nicht verblieb.

Vornehmlich sind die Schriften, welche er von 1815 bis 19 herausgab, beachtens-werth: „Sammlung der wichtigsten Actenstücke, die gemeinsamen Angelegenheiten der schleswig-holsteinischen Prälaten und Ritterschaft und der übrigen Gutsbe-sitzer betreffend," sowie „Urkundliche Darstellung des dem schleswig-holsteinschen Landtage kraft der Landesverfassung zustehenden Steuerbewilligungsrechts, mit be-sonderer Hinsicht auf die Steuergerechtsame der schleswig-holsteinschen Prälaten und Ritterschaft, ingleichen der übrigen Gutsbesitzer.‚ Kiel 1819."

Gleichzeitig mit der außerordentlichen Pflugsteuer, von 4 bis 6 Reichsthalern vom Pfluge, ward aber auch im Jahre 1803 noch eine außerordentliche Erhöhung der Grund- und Benutzungssteuer um 50 Procent ausgeschrieben.

Der Ausbruch des Kriegs zwischen Frankreich und England, im Herbste des Jahres 1805, ließ Dänemark auch von Englands Seite wieder Etwas befürchten, weshalb es seine Landtruppen an die Grenzen Holsteins verlegte, wo sie fast 10 Jahre hindurch auf dem Kriegsfuße stehen blieben. Bei dieser langen Kriegsbereitschaft konnten natürlich die Steuern zur Bestreitung des Militäraufwandes nicht mehr ausreichen, und so kam es denn, daß nach einer abermaligen außerordentlichen Steuererhöhung um 50 Procent (im Juni 1806), nachdem diese Erhöhung zuerst wiederum auf 50 Procent gesteigert worden, sodann aber (8. April 1808) nochmals um 50 Procent höher gestellt, auf 8 Jahre und zugleich auf 37 $\frac{1}{2}$ Procent auf 14 Jahre als bleibende ausgeschrieben ward.

Allein auch diese Steuererhöhungsausschreiben genügten den Bedürfnissen der dänischen Regierung noch nicht; die armen, so schon empfindlich ausgebeutelten Herzogthümer mußten noch weit mehr leisten, indem in derselben Zeit die mit der Grund- und Benutzungssteuer zugleich ausgeschriebene Haussteuer erst auf 8 Jahre um 10 lübische Schillinge von jedem 100 Reichsthaler des Werthes der zur Haussteuer pflichtigen Gebäude gesteigert, und dann am 4. September 1809 noch um 6 lübische Schillinge auf beständig erhöht wurde.

Gleichzeitig ward aber auch die $\frac{1}{2}$ Procentsteuer auf alle zinsbaren, auf liegenden Gründen stehenden Capitalien um 2 Procent erhöht. Daß diese allerdings durch Krieg herbeigeführte Ueberspannung aller Staatskräfte des Herzogthums Schleswig-Holstein auf die Länge der Zeit nicht ohne die traurigsten Folgen bleiben konnte, ließ sich erwarten, da zumal die Bewohner entweder von Schifffahrt oder Ackerbaue und Viehzucht ihren Haupterwerb hatten, die sich aber ohnedies schon bei der Andauer des Krieges am Meisten niedergedrückt und gestört fühlten.

Am 1. August 1806 hatte Napoleon bei der Errichtung des sogenannten Rheinbundes nebst den auf seine Seite getretenen Fürsten die alte, leider längst schon morsche deutsche Reichsverfassung für aufgehoben erklärt. Das freilich zu schwache Reichsoberhaupt, Franz II., hatte sich am 6. August als Kaiser von Oesterreich ausrufen lassen, und diese jeden biedern Deutschen aufrichtig betrübende Umgestaltung Deutschlands mußte vornehmlich auch für die deutschen Herzogthümer Schleswig-Holstein verhängnißvoll werden, da sie nun vollends ohne selbständige Verfassung und ohne allen eigenen dynastischen Anhalt dem dänischen Zepter sich auf Treue und Glauben anheimgegeben sahen.

Das dänische Kabinet ließ auch wirklich nicht lange darauf warten, sich unverzüglich den von nun an, gleich einem entmasteten Schiffe auf sturmbewegter See, völlig ohnmächtig gewordenen Herzogthümern als den durch den Fall der deutschen Reichsverfassung unbeschränkt gewordenen Herrn derselben zu zeigen. Es erging nämlich bereits am 9. September 1806 an die

Stände die königliche Erklärung: „daß das Herzogthum Holstein, die Herrschaft Pinneberg, sowie die Grafschaft Ranzau und die Stadt Altona fortan unter der gemeinsamen Benennung des Herzogthums Holstein mit dem gesammten Staatskörper der dem königlichen Zepter untergebenen Monarchie, als ein in jeder Beziehung völlig ungetrennter Theil derselben, und der alleinigen **unumschränkten Botmäßigkeit des Königs** unterworfen sein sollte." — Schleswig war von Dänemark schon früher einverleibt worden.

Durch die Aufhebung des deutschen Reichsverbandes konnte aber staatsrechtlich doch eigentlich nur das Verhältniß der Herzogthümer zu dem abgetretenen deutschen Könige und frühern erwählten römischen Kaiser, sowie zum Reiche als aufgehoben betrachtet werden, aber keines Falls konnte das Verhältniß der Herzogthümer zu ihrem Herzoge, was doch der König von Dänemark ihnen nur war, dadurch staatsrechtlich aufgehoben sein, sonst hätte es ebenfalls den deutschen freien Reichsstädten, Lübeck, Hamburg und Bremen, als nunmehr verwaisten unmittelbaren Kleinstaaten, für ihre freie Verfassung bange werden müssen. — Der Sturz der alten deutschen Reichsverfassung konnte keineswegs den Umsturz der Territorialverfassung deutscher Staatenkörper bedingen, ebensowenig aber auch das zu Recht von alten Zeiten her in Deutschlands Staaten bestandene Repräsentativsystem ungiltig machen, da doch in den meisten deutschen Staaten dessen nähere Bestimmungen auf förmlichen Verträgen zwischen den Unterthanen und den Landesherren begründet waren. Darüber sprach sich der keineswegs als übertrieben freisinnig bekannte Graf Münster in einer am 1. October 1824 erlassenen Note beim Wiener Congresse aus, indem dieser damit begann: „Se. Königliche Hoheit, der Prinz-Regent von Großbritannien und Hannover, können den Satz nicht anerkennen, daß selbst nach den Veränderungen, die in Deutschland vorgegangen sind, den Fürsten ganz unbedingte und rein despotische Rechte über ihre Unterthanen zustehen." — Ein gewichtiges Wort zur rechten Zeit, das aber bei dem damaligen Stande der Dinge zeitweilig verhallen mußte.

Die von dem größten Staatsmanne Dänemarks, dem Grafen Andreas Peter von Bernstorf, 1797 vorausgesehene schwere Zeit, war leider nur zu schnell über Dänemark hereingebrochen, und die Herzogthümer, welche seit 1773 immer mehr an Dänemark gekettet worden waren, mußten Alles mit ruhig erdulden, was das harte Mißgeschick über den Dänenstaat, freilich meist in Folge allzugroßer Kriegsliebe, brachte. Schleswig=Holstein litt schon durch die Feindseligkeiten Englands gegen die Dänen seit Anbeginne des 19. Jahrhunderts, noch mehr aber von da an, wo Dänemark am 16. Januar 1801, allerdings von Rußland gedrängt, der bewaffneten nordischen Neutralität wider Englands Herrschaft der Meere beizutreten, sich gezwungen sah. Es litt selbst in Folge des tapfern aber unglücklichen Kampfes der Dänen auf der Rhede von Kopenhagen gegen die auf sie hereinbrechenden Engländer. Eine bis dahin unerhörte Grundsteuer drückte von nun an die Herzogthümer auf das Empfindlichste, und zugleich sahen sie, da gewöhnlich kein Uebel allein kommt, dadurch das letzte Recht ihrer Verfassung, die Steuerver=

willigung, zu Grunde gehen: denn ein unumschränktes Besteuerungsrecht hatte sich seit 1802 Dänemark über die Herzogthümer angemaßt. Dabei hatten sie eine von dänischen Beamteten besorgte Abschätzung ihres freien
Grund und Bodens über sich ergehen lassen müssen, die noch dazu mit großer
Unkenntniß der Bodenverhältnisse in größter Eile ausgeführt worden war,
und deren Maßverhältnisse sich daher sehr ungleich vertheilten. Die auf eine
unglaubliche, alle Grenzen des Rechtes und der Billigkeit überschreitende,
später sich steigernd andauernde Erhöhung der gesammten Steuern mußte
natürlich die kleinen und großen Grundbesitzer, sowie die Einzelnen und ganze
Communen zur Verzweiflung bringen, da überdies weder Handel noch Ge-
werbe sich gehoben fühlten, und die Producte des Landes auch nach Außen
den erwünschten Absatz nicht fanden, indem ein neuer Kriegszustand gegen
England auf 7 Jahre die Schifffahrt störte: denn England beherrschte die
Meere, während Napoleon den Continent thrannisirte. Hierzu kam noch,
daß das Palladium der dänischen Macht, die schöne Flotte, im Jahre 1807,
als eine mittelbare Folge geheimer Artikel des tilsiter Friedens, durch Englands Gewalthaberei zur See verloren ging, weil die Krämerpolitik der
Briten befürchtete, daß die selbst von Napoleon geachtete Neutralität Dänemarks ihnen entweder schaden, oder dessen Flotte am Ende in die Hände der
Franzosen gelangen könne.

Der Aufenthalt der königlichen Familie in den Herzogthümern während
der englischen Beunruhigungen Seelands und der Haupt- und Residenzstadt
Kopenhagen, hatte allerdings die Schleswig-Holsteiner, so bedauerlich auch
die Veranlassung zu diesem längern Besuche war, dennoch zu manchen stillen
Hoffnungen verleitet. Es erschien selbst nicht als eine übertrieben gehegte
Erwartung, daß durch ein allmäliges Gewöhnen der doch aus deutschem
Stamme entsprossenen königlichen Familie an ihre aufrichtigen deutschen
Unterthanen, auch das deutsche Princip, namentlich bei der bekannten Leut-
seligkeit des Kronprinzen und baldigen Königs Friedrich, in den ferneren
Regierungsmaßregeln mehr und mehr Eingang finden, und endlich völlig
Platz nehmen werde.

Leider aber ward diesem gehofften Erfolge von dänischer Seite her, wie
zu erwarten stand, auf das Kräftigste entgegengewirkt. Es hatte sich wirklich eine dänische Reactionspartei mittler Weile gebildet. Sie trat
sogar etwas vorschnell mit drohender Miene hervor, und zeigte unverholen,
daß, namentlich zum Behufe der längst beabsichtigten und zur Zeit abermals
schon angebahnten, ja, selbst beim unabweisbaren Mißgeschicke der geschwächten
dänischen Machtverhältnisse, gerade jetzt als unumgänglich erachteten Verschmelzung der Herzogthümer mit dem Königreiche, auch die
alte dänische Lieblingsidee, die Auslöschung und gänzliche Vertilg-
ung der deutschen Nationalität, im Plane des dänischen Kabinets lag.

Glücklicherweise aber scheiterte der vom dänischen Staatsminister Ove
Högh-Guldberg klüglichst entworfene Plan, durch völlige Verdrängung der deutschen Sprache aus den Herzogthümern die beabsichtigte und, durch frühere Erfahrungen bestätigt, allerdings sehr schwierig er-

achtete Verschmelzung und endlich methodische Entnationalisirung auf kürzestem Wege vorzubereiten.*)

Der Tod des Königs Christian VII., welcher am 13. März 1808 erfolgte, konnte freilich unter damals obwaltenden Umständen auf den Gang der politischen Angelegenheiten Dänemarks keinen Einfluß haben, da der König bereits seit dem Jahre 1784 die Leitung der Regierung in die Hände seines Sohnes, des wegen seiner Menschenfreundlichkeit von Jedem geliebten und geachteten Kronprinzen, gelegt hatte. Allein nicht ohne wirkliche Be= deutung war des von den Dänen allerdings längst als Null betrachteten Königs Christian VII. Regierung für die Herzogthümer vorübergegangen. Nicht ohne schmerzlichen Rückblick dachten daher die Schleswig=Holsteiner an die glückliche Zeit vor dem für sie trauervollen Jahre 1797, obschon sie unter der nur nominellen Regierung dieses wahrhaft gutherzigen Monarchen ver= flossen war; weshalb die nicht indifferenten Patrioten nur mit bangem Herzen in die Zukunft blicken**) konnten, sobald sie namentlich die auf Nichts re= ducirten alten ständischen Rechte dabei in's Auge faßten.

---

*) Was den Anspruch der Herzogthümer Schleswig und Holstein auf unzertrennliches Vereinigtbleiben, sowie freie ständische Ver= fassung betraf, so konnte hierin, dem Rechte nach, durch die Souveränitätsacte Dänemarks vom 14. November 1665 keineswegs Etwas geändert werden: denn diese ging nur allein Dänemark, aber durchaus nicht die Herzogthümer an, deren Verfassungsurkunde vom Jahre 1460 sich noch datirte. Ebenso hatten alle dänischen Könige als Herzöge nach wie vor die schleswig=holsteinsche Landes= verfassung und die alten ständischen Rechte bestätigt. Was nicht zu übersehen ist.

**) Es hatten allerdings, wie überall, auch in den Herzogthümern Verhält= nisse obgewaltet, welche allmälig die Kraft und Bedeutung der alten Rechte bei den Einwohnern selbst herabsetzen und, in Folge einer Nichtachtung, dieselben nach und nach, so zu sagen, im Volksleben außer Kraft setzen mußten. Besonders aber hatte in der zweiten Hälfte des 17. Jahr= hunderts, durch die eigene Schuld der Bequemlichkeit und Lauigkeit des dritten Standes, derselbe auf den alten Landtagen nur eine sehr unterge= ordnete Rolle gespielt. Auf diese Weise hatte der dritte Stand, ohne es zu wollen und recht zu wissen, das Hauptgewicht auf diesen Landtagen, halb frei= willig, halb gezwungen, den Prälaten und der Ritterschaft überlassen, und so hatte er endlich sogar, an sich und seiner geschwächten Macht völlig verzweifelnd, den beiden ersten Ständen das Feld geräumt. Anfangs mochten Diese darüber ein Siegesgeschrei erhoben haben, daß sie von einem lästigen Rechtsmitbean= sprucher auf den Landtagen auf eine leichte Weise befreit worden waren. Allein der Siegesjubel der Prälaten und Ritterschaft sollte sich nur zu bald in ernste Bedenklichkeiten auflösen, nachdem besonders mehr und mehr die Städte emporblühten. Ja, sie sahen zu ihrer Verwunderung sogar nur allzubald ein, daß sie, selbst zur Bewahrung ihrer Rechte und Sonder= interessen, gleichfalls dieser nützlichen Bundesgenossen, welche fast den größten Theil der intensiven Staatsmacht repräsentirten, immer weniger entbehren konnten. Als aber endlich in den letzten hundert Jahren, trotz wiederholter Anträge an den König, als Herzog Schleswig=Holsteins, kein Landtag mehr zusammenbe= rufen ward, begnügten sich die beiden noch übrigen, einem Landtage vergeblich als politische Corporationen entgegen immer leichte Weise befreit worden waren. immer fortwährenden Deputation, die, neben einigen Protestationen, mit einseitiger Verwahrung ihrer besonderen Rechte von Zeit zu Zeit hervortrat, was aber auch nur wiederum dazu dienen konnte, von Neuem die Eifersucht des dritten (vom

Dänemark hatte sich, wie andere Nord-Staaten, ebenfalls gezwungen zu Napoleons Partei endlich geschlagen und, in Folge des, so zu sagen, freiwillig gezwungen angenommenen französischen Systems, war nur zu bald auch der innere Verkehr, besonders Schleswig-Holsteins, durchgehends gelähmt, welche Uebelstände noch durch das monatelange Einlegen französischer Truppen in den Herzogthümern, und nächstdem durch die unaufhörlichen Durchmärsche, sowie Einfälle von Streifcorps um ein Bedeutendes vermehrt wurden.

Ein fürchterlicher Schlag traf jedoch dadurch am Meisten die Herzogthümer, daß am 5. Januar 1813 die sogenannte Reichsbankverordnung erschien, in der eine Reduction der bisherigen Courantthaler von 48 auf 5 lübische Schillinge, sowie die Creirung eines neuen Geldes, der Reichsbankthaler, deren jeder 6 alten dänischen Courantthalern gleichgestellt sein sollte, und die Fundirung des neuen Geldes auf das gesammte Grundeigenthum des Staates angeordnet ward. In den Herzogthümern hatte man bisher meist lübisch Courant, die Mark = 16 Schilling lübisch und der Schilling zu 12 Pfennigen, sowie eigene Sechslinge und Dreilinge, als Scheidemünze, geführt, und seit 11. October 1776 hatte der Speciesreichsthaler 3 Mark, 48 Schillinge oder 576 Pfennige Banco, die Mark zu 16 Schillingen oder 192 Pfennigen, und ein Schilling 12 Pfennige gegolten.

Was die Fundirung des neuen Geldes (Papier) auf das gesammte Grundeigenthum betraf, so wurden dadurch „alle liegende Gründe der Bankhaft verhaftet" erklärt, und diese Bankhaft zu 6 Procent von dem früher schon mehrfach überschätzten Steuerwerthe des Grundvermögens angesetzt, sowie die Bankforderung vor jeder andern auf dem Grundbesitze rechtlich haftenden Forderung mit erster Priorität bevorzugt.

Dieses durch die fürchterlichste Finanzverlegenheit des jedes Mittel zu seiner Rettung im Staatsbankerote für erlaubt haltenden Dänenstaates, wie jetzt die Finanzverlegenheit in vielen europäischen Staaten nicht größer sein kann, war ein Finanzmanoeuver gewaltvollster Art. Ja, es war ein Streich, der nicht allein die Ritterschaft und Prälaten, sondern auch die ganze Bevölkerung der Herzogthümer theils unmittelbar, theils mittelbar schmerzlich traf, und zwar noch weit empfindlicher und nachhaltiger, als die Bewohner des dänischen Königreichs selbst, welche doch ohnedieß die Erinnerung an ihr altes Landrecht schon seit längerer Zeit gänzlich verloren hatten, während jedoch die alte, noch ziemlich in der Erinnerung lebende schleswig-holsteinsche Landesverfassung in den Herzogthümern ausschließlich nur diejenige Silbermünze zuließ, „welche in Hamburg und Lübeck gäng und gäbe war," auf welchen Münzfuß für Schleswig-Holstein auch unbedingt nicht nur dessen geographische Lage hinwies,

---

4. Stande war längst keine Rede mehr) Standes, der seine alten zur Chimäre gewordenen Rechte darin nur doppelt verkürzt sah', wach zu rufen. Als aber der vierte Stand 1788 aus dem Drucke der Jahrhunderte sich zu frei erheben begann, so ward auch bei diesem der Neid gegen die ersten beiden bevorzugten Stände rege, und diesen in Haß ausgearteten Neid mußte später das dänische Regiment, wie wir sehen werden, für sich auszubeuten.

sondern den sogar außerdem deren **Marktverhältnisse** zu beiden Städten eigentlich nur zulässig erscheinen ließen.

Uebrigens verstand es das dem **Deutschthume** fort und fort gehässig gesinnte **Dänenthum** jetzt fast besser als früher, wo wenigstens noch ein **formeller Landtag** und nicht blos eine stehende Deputation bestanden hatte, den Standpunkt der verschiedenen Stände des Volkes, nach dänischen Begriffen, richtig erkennend und ihr Verhältniß zu einander erwägend, die gereizte Stimmung des **dritten** und **vierten** Standes gegen den **ersten** und **zweiten** echt schlau für sich auszubeuten.

Durch die **Aufhebung der Leibeigenschaft** war eine wirklich vertrauensvolle Liebe zum Dänenkönige, **Christian VII.**, im vierten Stande der Herzogthümer begründet worden, während dagegen die dänischer Seits beeinflußten Beamteten, großentheils als **erklärte Widersacher der Ritterschaft**, sowie des **Adels** überhaupt, es sich angelegen sein ließen, das **Mißtrauen** und die **Eifersucht** des Bürgers und Bauers gegen die adeligen Grundbesitzer zu nähren.   Wie oft kam es daher vor, daß, sobald ein Bürger oder namentlich Bauer wegen verfehlter Regierungsmaßregeln oder über Beamtenwillkühr Klage erhob, er von dem richterlichen Beamteten mit der seltsam schlauen Frage hart angelassen wurde: „**Wollt Ihr etwa lieber den Adel?**"

Außerdem hatte aber auch die dänische Regierung dafür gesorgt, daß der in anderen deutschen Ländern sich einer gewissen Unabhängigkeit erfreuende **Sachwalter-** oder **Advocatenstand** in Schleswig-Holstein von jedem nur einigermaßen **freien Bewegen** und **Walten** gleichsam abgeschreckt wurde. Es ward nämlich bei der Immatriculation der Advocaten in den Herzogthümern der sogenannte „**Homagial-Eid**" eingeführt, der ein förmlicher **Vasalleneid** sein sollte, und die Sachwalter dazu eidlich verbindlich machte, **Alles und Jedes, was nur irgend den Souveränitätsrechten des Königs von Dänemark zuwiderlief, sofort zur Kunde der Regierung zu bringen.**   Dadurch ward aber der Sachwalterstand, der doch eigentlich eine edle, ohne alle Rücksichtsnahme auf Person und Regierung, stets **hilfreiche Stellung** zum Volke behaupten muß, in den Herzogthümern zum **Polizeispitzelstande** gewissermaßen herabgewürdigt, dem das Volk nothwendig nur mißtrauen mußte.

In dieser traurigen und namentlich ganz mißlich finanziellen Lage der Herzogthümer war es wahrhaft ein Glück, daß die üble Erfahrung, hinsichtlich des **Reichsbankgesetzes**, als ein weit eindringlicher Fürsprecher für die dadurch allseitigst benachtheiligte und ohnedies durch Steuerbelastung hart bedrückte Bevölkerung eingetreten war, als es selbst alle Bitten der Schleswig-Holsteiner bei der Regierung vermocht hatten.

In Folge der schon binnen einiger Monate gewonnenen Ueberzeugung von dem offenbaren Nachtheile dieses Gesetzes, hinsichtlich des Geldverkehres der Herzogthümer, besonders mit ihren handelsverbündeten Nachbaren, erschien unterm 30. Juli 1813 eine **königliche Verordnung**, nach der, beim übrigen Fortbestande des Reichsbankgesetzes, den **Schleswig-Holsteinern** ihr **früheres Silbergeld** als einziges gesetzliches Zahlungsmittel

wieder zugestanden ward. Die Bewohner der Herzogthümer freuten
sich natürlich über diese Gesetzesänderung, trugen daher auch sehr gern den
unvermeidlichen Verlust, und brachten mit freudigster Bereitwilligkeit die
abermaligen Opfer, wodurch man, die Beseitigung des im Course völlig ge-
sunkenen Papiergeldes zu erkaufen, allerdings sich genöthigt sah.

Ueberaus groß und fast unerträglich war namentlich von 1802 bis zu
1815 der Staatslastendruck für die Herzogthümer geworden: denn seit 1802
waren allein die directen Grundsteuern des bessern Landes auf das Drei-
fache erhöht worden, und der vierte Theil der Pachterträge von den klöster-
lichen und adeligen Grundbesitzen (nach den Mittelansätzen veranschlagt) war
durch die gewöhnlichen directen Grundsteuern gleichsam verschlungen worden.
Berücksichtigt man dabei noch außerdem, daß allein schon während der Besetzung der Herzogthümer durch die Franzosen, besonders aber während des
kurzen Krieges mit Schweden bis zum Kieler Frieden, am 14. Januar
1814, nicht nur verschiedene Armeecorps, und namentlich die Truppen des
wegen Eroberung Norwegens Schleswig-Holstein occupirenden Kronprinzen
von Schweden, die Herzogthümer zu verpflegen gehabt hatten, sondern daß
auch das russisch-polnische Heer ein ganzes Jahr lang sich in denselben ein-
legte, was den Aufwand von 1½ Millionen Reichsthalern von Schleswig-
Holstein erheischte, so wird man recht leicht ermessen können, daß endlich der
armen geplagten Einwohnerschaft der Muth brechen mußte. Es mußte daher
auch in dieser unsäglichen Noth und Bedrückung wirklich als ein Trost für
Schleswig-Holstein erscheinen, daß ein königliches dänisches Rescript vom
5. Januar 1813 bereits die Verheißung brachte, daß „ein auszu-
schreibendes, nie zu überschreitendes Budget" für die dänische
Monarchie festgestellt werden sollte. — Es blieb freilich leider nur bei der
königlichen Verheißung. —

Konnten sich ferner die Schleswig-Holsteiner auch als gute
Deutsche eines Theiles des bei Leipzig über die Zwingherrschaft Napoleons
errungenen Sieges erfreuen, so mußten sie doch auf der andern Seite, sowohl
als nun erst recht der dänischen Willkühr Untergebene, als auch nächstdem als
von den Interessen Deutschlands seit 1806 völlig getrennt Stehende, die
bereits mit dem Geschicke Dänemarks zu sehr verflochten worden waren, nur
um so mehr mit bangen Befürchtungen erfüllt werden.

Diese Befürchtungen traten nur zu schnell ein: denn der schwedische
Kronprinz Bernadotte wendete, wie schon angedeutet, an der Spitze eines
Theiles der siegreichen Armee von dem Schlachtfelde bei Leipzig sich gegen das
mit Napoleon verbündete Dänemark. Die Franzosen räumten sofort die
Herzogthümer, und die Dänen vermochten nicht den Einfall des Bernadotte
aufzuhalten, sondern überließen ihm Holstein und auch Schleswig, womit er
eigentlich nur Norwegen eroberte. Schweden hatte nämlich seinen Anschluß
an die Allianz Rußlands, Preußens und Oesterreichs eigentlich nur unter
der Bedingung erklärt, daß ihm, nach Besiegung der Franzosen und der
Verbündeten derselben, namentlich Dänemarks, im Voraus Norwegen als
Entschädigung versprochen wurde. Die Dänen vermochten sich gegen Bernadotte trotz der tapfersten Gegenwehr nicht zu halten, und der zu Kiel am

14. Jan. 1814 geschlossene Friede machte bekanntlich diesem sehr kurzen Kriege mit Schweden ein Ende. Dieser zwischen S ch w e d e n, Großbritannien und D ä n e m a r k abgeschlossene Friede hatte nun auch zur Folge, daß Dänemark sein N o r w e g e n, außer den Faröerinseln und Island, an Schweden, und H e l g o l a n d an England abtreten mußte, wogegen es jedoch S ch w e d i s ch = P o m m e r n erhielt.

Schleswig-Holstein, welches im Laufe eines Monates von Bernadotte als feindliches Land occupirt worden war, hatte somit abermals eine Kriegs= noth überstanden, ohne sich jedoch eines Friedens erfreuen zu können; allein seine Bewohner traten nach diesem allgemeinen europäischen Frieden wenigstens in ein n e u e s S t a d i u m der Staatengeschichte, — in das Stadium ihres wieder= erwachten Bewußtseins — in das Stadium des gewonnenen Selbstgefühls und des löblichen Strebens nach politischer Mündigkeit. — Sie fühlten sich bis jetzt nur vom Dänenthume bedrückt, und dieses Gefühl hatte sie völlig entmuthigt; von nun an überzeugten sie sich wenigstens, daß sie sich noch geistig zu regen vermochten, und dieses anfänglich nur schwache Gefühl bildete sich alsbald zum schönsten d e u t s ch t h ü m l i ch e n Streben aus. — Die Dänen hatten allerdings das s ch l e s w i g = h o l s t e i n e r D e u t s ch t h u m in seiner langjährigen L e t h a r g i e bereits begraben; — doch es erwachte und pochte immer hörbarer an die Pforten seiner Grabeshöhle. Leider aber hat dieses Pochen fast 50 Jahre gewährt, und selbst D e u t s ch l a n d, oder vielmehr der d e u t s ch e B u n d e s t a g, dem allerdings Schleswig-Holstein zu entfernt lag, hatte dieses Pochen, das wiederholt sogar ihm galt, bis zum Jahre 1848 so gut als unbeachtet gelassen.

D. Schleswig-Holsteins Wiedererwachen zum Selbstbewußtsein, zum Selbstgefühle und zur politischen Mündigkeit.

Seit dem Abschlusse des Friedens zu Kiel, in den ersten Wochen des Jahres 1814, wo die übrigen Länder deutscher Zunge sich allerdings noch in keinem eigentlichen Frieden, der erst im Juni 1815 seinen Einzug nahm, sondern vielmehr im völligen Kriegszustande sich befanden, theilte sich gleichsam das Herz jedes zum politischen Bewußtsein gelangten Schleswig= Holsteiners in zwei ungleiche Theile, von denen die kleinere Hälfte sich über die Fortschritte der deutschen Waffen unter dem Marschall B o r w ä r t s! gegen den von seinem Inselreiche Elba am 26. Febr. 1815 wieder abgesegelten, und am 20. März abermals als sieggekrönter Kaiser der Franzosen in Paris eingezogenen, c o r s i s ch e n T h a l l ö w e n s, erfreute, während die andere, größere Hälfte ihre durch die letzten Kriege vollends ausgesogenen Heimath= länder mit Wehmuth betrachtete, und dabei einen thränenvollen Blick in die noch nebelvolle Zukunft warf.

Vor Allem lenkte sich ihr mit Thränen belasteter Blick der seit einem Jahrhunderte völlig außer Wirksamkeit gesetzten altverbrieften Landesverfassung zu, und die Aufgeweckteren und zugleich geistig Begabten erwählten zuerst die Presse zur Vermittlerin, um in der trefflich von den Professoren Nicolaus

Falck, Friedrich Christoph Dahlmann, August Detlev Christian Twesten und Karl Theodor Welcker redigirten Zeitschrift „Kieler Blätter" *) die Schleswig-Holsteiner über ihre wahren staatlichen Verhältnisse zu Dänemark und über die Rechte ihres seit 429 Jahren engverbundenen und vom Dänenstaate staatsrechtlich geschiedenen Vaterlandes, als echte deutsche Herzogthümer, zu denen der König von Dänemark doch verfassungsgemäß nur als frei erwählter Herzog stehen durfte, immer mehr aufzuklären.

Mittlerweile war am 8. Juni 1815 auch die deutsche Bundesacte erschienen, und in ihrem 13. Paragraphe war auch festgestellt, daß das Herzogthum Holstein das Recht habe, landständische Verfassung zu beanspruchen. Ueber Holsteins Recht waltete daher kein Zweifel mehr ob; allein auch für Schleswig, das seit dem Jahre 1386 in Rücksicht auf Verfassung und Verwaltung mit Holstein nur einen Staat bildete, glaubte man auch jetzt wieder, das Recht eines mit Holstein gemeinsamen Landtages, sowie das seit 1460 urkundlich begründete Steuerbewilligungsrecht von Neuem in Anspruch nehmen zu dürfen, indem man dabei auf die bekannte Humanität des Königs Friedrich VI. vertraute.

Bereits am 19. Jan. 1815, zur Zeit des Kieler Umschlags (Jahrmarkts oder Messe) hatten sich die Prälaten und Ritterschaft der Herzogthümer mit den nicht zum ständischen Verbande gehörigen Gutsbesitzern zu dem gemeinschaftlichen Beschlusse vereinigt, ohne Verzug eine Bittschrift bei dem damals abwesenden Könige, Friedrich VI., ihrem Herzoge, einzureichen, in der in freimüthiger Haltung die traurige Lage der Herzogthümer dargelegt und, unter Beziehung auf den letzten Landtagsbeschluß, die Ueberzeugung unverholen kundgegeben wurde, „daß dem allgemeinen Unglücke nur durch die Berufung eines den Zeitumständen angemessenen Landtages abgeholfen werden könne." — Der Graf Magnus von Moltke, der Jüngere, Mitglied der fortwährenden Deputation (später einflußreicher und unbefangener Präsident der Ständeversammlung) überreichte fort in Wien dem Könige Friedrich VI. diese ständische Bittschrift.

Diese hatte wenigstens den Erfolg, daß die den Herzogthümern bevorstehende executorische Eintreibung der Steuern sofort rückgängig gemacht wurde, und daß der König, in gewohnter liebreichster Weise, den Bittstellern die Zusage gab, daß ihnen gestattet sein sollte, ihm bei seiner Durchreise durch Kiel ihre Bitten mündlich vortragen zu dürfen. Dem zu Folge ward am 26. Mai das inständigste Gesuch um Gewährung eines Landtages in zeitgemäßer Verfassung mündlich dem Könige bei seiner Anwesenheit in Kiel vorgetragen; diese desfallsige Bitte fand aber wider alles Erwarten keine königliche Gewährung. Ebenso ward von ihm die Bestätigung der alten Rechte abgelehnt. Ja, es geschah noch mehr des Nichterwarteten: am 31. Juli (dem Krönungstage) ward sogar Seiten des dänischen Ministeriums gegen die ritterschaftlichen Abgeordneten der Herzogthümer unverholen die von der Regierung gehegte

---

*) Diese sehr geachtete politische Zeitschrift fand sogar in ganz Deutschland großen Anklang, und ward auch in den übrigen Bundesstaaten zu einer Leuchte für das constitutionelle Leben. Also großen Dank diesen Holsteiner Patrioten! —

Absicht kundgegeben, das Herzogthum Schleswig in nächster Zeit von Holstein völlig zu trennen, während die Kunde zu den Ohren der Schleswig-Holsteiner gerüchtweise drang, daß Friedrich VI., als Herzog von Holstein, in den deutschen Bund eingetreten sei.

Indessen ward in Folge mehrfach dringender Vorstellungen am 9. Sept. 1815 der alte Verband der schleswig-holsteinschen Ritterschaft ꝛc. mittels eines Canzleischreibens bestätigt. Ebenso wurden die innern Einrichtungen, welche in Holstein wegen des Anschlusses an den deutschen Bund in Kraft treten sollten, von der dänischen Regierung officiell publicirt. Ja, es erfolgte selbst am 17. Aug. 1816 durch königliche Urkunde die Bestätigung der schleswig-holsteinschen Rechte unter der ausdrücklichen Fassung: „wie solche von seines höchstseligen Vaters, Königs Christians VII., Majestät, unterm 13. März 1766 und 13. Nov. 1773 allerhöchst bestätigt worden," der sich auch noch die königliche Verheißung anknüpfte, „daß Prälaten und Ritterschaft hierbei zu allen Zeiten geruhig gelassen, auch kräftig geschützt und gehandhabt werden sollten." — Außerdem erließ man Seiten der Regierung an den damaligen Statthalter, sowie die beim damals erst neuconstituirten holstein-lauenburgschen Obergerichte zu Glückstadt bestallten Canzler, Vicecanzler und Räthe, und alle übrigen Beamtete und Canzleidiener in der für Holstein und Schleswig gesondert erlassenen Rechtebestätigung die allergnädigste und ernstlichste Instruction, „über die allergnädigst ertheilte Bestätigung festiglich zu halten und dagegen nichts zu verhängen, noch, daß es von Anderen geschehe, zu gestatten." —

Man kann nun nicht gut annehmen, daß in diese nach den geschehenen Vorgängen, besonders nach der völligen Ablehnung beim mündlichen Bittgesuche, unerwartete Bestätigung nur deshalb vom Könige endlich gewilligt worden, und die desfallsige Anordnung nur deswegen ausgegangen sei, um den bei den immer schwieriger gewordenen Zeitverhältnissen unablässigen Anbrang lästig werdender Bittsteller zu beseitigen, weil diese Annahme keinesfalls mit den allbekannten aufrichtigen und vom Rechtsgefühle geleiteten Charakter des von den Schleswig-Holsteinern auch deshalb schon als Mitregent hochgeachteten und wahrhaft geliebten Königs Friedrich VI. in rechten Einklang zu bringen sein würde.

Der Grund der Erwähnung zweier Bestätigungen des am 13. März 1808 verewigten Königs Christian VII., sowohl der von 1766 als auch der von 1773 ist aber der, weil mit dem Jahre 1773 die früheren großfürstlichen oder herzoglich schleswig-holstein-gottorpschen Landesantheile, wie früher (vgl. S. 32 u. 33) erwähnt, an König von Dänemark, Christian VII., als den von nun an alleinigen Herzog von Schleswig-Holstein, übergegangen waren, und zwar unter Dagegengabe der Grafschaften Oldenburg und Delmenhorst, welche die ältere, herzoglich-holsteinsche oder königliche, von Christian I., aus dem Hause Oldenburg, stammende Linie, von der jüngern, von Christians I. Bruder abstammenden gräflich oldenburg-delmenhorstschen Linie beim Aussterben derselben, im Jahre 1667, rechtlich ererbt hatte.

Und dennoch, man hätte es kaum glauben sollen, ward abermals, trotz der in Form des Rechten erlangten, und keineswegs auf eyderdänische Art erzwungenen Bestätigung der Landesverfassung der Herzogthümer, königlicherseits der alte Druck der Steuerauflagen nicht gemindert, noch viel weniger durch gute Finanzwirthschaft beseitigt, sondern es ward bereits von Neuem eine Exekution wegen der Rückstände angeordnet.

Besonders aber mochte sich die dänische Reactionspartei wieder um den Thron des wohlwollenden Königs, Friedrich VI., geschaart haben, da das Gerücht von einer abermaligen Absicht auf die Trennung der beiden Herzogthümer immer lauter wurde. Auch schien dieses Gerücht nicht so ganz grundlos zu sein, da schon im Juli 1816, also vor der Bestätigung, Seiten der Regierung wirklich Vorkehrungen zur Ausarbeitung der gewünschten neuen, zeitgemäßen Verfassung — aber auch nur für Holstein allein — getroffen waren, während von der deshalb zu mehren Malen in Kopenhagen versammelten, aus Staatsbeamteten bestehenden Commission kein Resultat ihrer Arbeiten sich verlautbarte. —

Wiederholte Vorstellungen der aus Prälaten und Ritterschaft noch bestehenden Stände, sowie der Städte und Aemter wegen der Fortdauer des Ungetrenntbleibens beider Herzogthümer erfreuten sich nicht einmal einer Resolution, und auf eine Eingabe wegen der wünschenswerthen Minderung der Steuern erfolgte sogar eine abschlägliche Antwort. Eine fernere Eingabe der fortwährenden Deputation vom 27. Jan. 1817, welche, unter Berufung auf die Bestätigung vom 17. Aug. 1816, besonders die Bitte hervorhob, daß auf eine allmählige Minderung der Steuerlasten ernstlich Bedacht genommen werden möchte, erhielt sogar die zurechtweisende Resolution: „Wir können aber Prälaten und Ritterschaft nicht gestatten, eine separate Verhandlung über diese und ähnliche, die Gesammtheit der Unterthanen in Unseren Herzogthümern Schleswig und Holstein betreffende Gegenstände anzustellen, und durch solche den ständischen Berathungen in Holstein, über welche Unsere nähere Resolution zu erwarten ist, vorzugreifen." —

In Folge der wirklich eingetretenen Exekution gegen die Steuerrestanten machte die ständische Deputation unterm 26. April 1817 ebenfalls Vorstellungen, und bat um Einstellung der wirklich mit Nachsichtslosigkeit gehandhabten Exekution, sowie um Bestellung eines unparteiischen Gerichts zur Erörterung der Rechtsfrage und Untersuchung der Reichsbank auf dem Wege des Rechtes, worauf jedoch unterm 6. Juni eine abschlägliche Antwort erfolgte, der noch als Motiv beigefügt war: „Wir zwar keinem Unserer getreuen Unterthanen den Schutz der Gesetze und rechtliches Gehör versagen, aber die Verfassung des Landes könne keiner Erörterung auf dem Wege Rechtens unterworfen sein."

Nach der gleichfalls vergeblich nach Kopenhagen im Herbste des Jahres 1817 entsendeten Deputation der Ritterschaft, im Namen der ständischen Gesammtheit und der übrigen nicht landtagsfähigen Gutsbesitzer, wegen einer

4

abermals angedroheten Landesſteuererecution, verſchritt die Ritterſchaft endlich
zu einer förmlichen Proteſtation. Nach der am 6. April 1818 geſchehenen
Verwandlung der Reichsbank in eine Nationalbank, die weſentlich nichts
als den Namen änderte, und bei der der letzte Faden ſtets in den Händen der
Regierung zurückblieb, unternahmen es die Ritterſchaft und Gutsbeſitzer nochmals, unterm 6. Nov. 1818 eine Proteſtation wegen der noch unvermin-
derten Steuern einzugeben, worauf ſie unterm 5. Dec. eine e r n ſ t l i c h z u -
r e c h t w e i ſ e n d e Reſolution erhielten, die ſchließlich ſogar die ernſte Drohung
enthielt, daß man, Falls ſich die Stände ferner anmaßen würden, bezüglich
der Steuern Proteſtation einzulegen, was als offenbare, ſtrafbare
S t e u e r v e r w e i g e r u n g betrachtet werden müßte, dieſes Beginnen ſogar
mit Z u r ü c k n a h m e d e r a u s G n a d e n d u r c h R e ſ o l u t i o n vom 27. April
1775 b e w i l l i g t e n V e r g ü n ſ t i g u n g, e i n e f o r t w ä h r e n d e D e p u -
t a t i o n h a b e n z u d ü r f e n, ſofort ohne Weiteres ahnden würde, und die
Deputation dann als ganz aufgehoben betrachtet werden ſollte. — Auf eine
unterm 20. Jan. 1819 von der Deputation erneute Eingabe, welche vornehmlich die Entſchuldigung enthielt, daß n i c h t ſ i e (die Deputation), ſ o n -
d e r n i h r e C o m m i t t e n t e n d e r V o r w u r f t r ä f e, und ſie auch nichts
unternommen hätte, was nicht durch die vom Könige ſelbſt beſtätigte Ver-
faſſung gerechtfertigt wäre 2c., ſowie ferner auf eine zweite Bitte, wegen recht-
lichen Gehörs, erfolgte gar keine Antwort.

Die am 5. Oct. 1819 angeordnete Vertheilung der vorgeſchoſſenen
D e p o t-, H a u s- und Häuergelder (Miethzinsſteuer) nach dem Maßſtabe
der Grund- und Benutzungsſteuer, und nicht nach der Pflugzahl, hatte ebenfalls eine Gegenvorſtellung der Ritterſchaft veranlaßt, worauf jedoch die Regierung einfach reſolvirte, „daß auf ihren Antrag nicht eingetreten
werden könnte. Ebenſo fand ein endlicher, deshalb erhobener Proteſt der
Geſammtheit der Stände keine Beachtung. —

Die Verhältniſſe zwiſchen den Ständen, namentlich der Ritterſchaft und
der Regierung, wurden immer ſchwieriger, und es lag klar am Tage, daß
ſchlüßlich ein e n t ſ c h e i d u n g s v o l l e r M o m e n t zwiſchen Beiden eintreten
müſſe, der auch wirklich zu Ausgange des Jahres 1821 eintrat, als die
N a t i o n a l b a n k z i n ſ e n bei Strafe der Exekution von Seiten der Klöſter
und Güter bereits im Jahre 1820 ungeſäumt abgetragen werden ſollten.
Vorläufig fand zwar dieſe Maßregel beim Könige ſelbſt keine Genehmigung;
allein bald wurden Mahn- und Drohbriefe erneuert, und, ohne eine Reſolution auf die zuletzt deshalb eingereichte Gegenvorſtellung der Ritterſchaft
abzuwarten, verſchritt man ohne Weiteres wirklich zur Exekution, wobei die
gewaltſamſte Eintreibung gehandhabt wurde. Ein Act der Beamtenwillkühr.

Unter ſolchen traurigen Verhältniſſen, wo die ſchonungsloſeſte, alle
Billigkeit und alles menſchliche Gefühl, ja, ſelbſt das wohlerworbene Recht
der langmüthigen ſchleswig-holſteiner, faſt ſchon ausgezogenen Staatsbürger
mit Füßen tretende Steuer- und Zinſeneintreibung, wie ein Plünderungszug
das geängſtigte Land durchſtrich, geſchah endlich — weiter Nichts — als,
daß die Prälaten und Ritterſchaft des Herzogthums Holſtein, im Jahre 1822,
einen Antrag — wir wollen ihn nicht R e c u r s nennen — a n d i e h o h e

deutsche Bundesversammlung —: „auf hochgeneigte Vermittelung der praktischen Wiederherstellung ihrer in aner-
kannter Wirksamkeit bestehenden landständischen Verfassung,
in's Besondere ihrer Steuergerechtsame," stellte. —
Ihre Denkschrift, welche auch 1822 zu Frankfurt a. M.
gedruckt worden
ist, legt mit wahrhaft würdevoller Beredtsamkeit das gute, durch alle Könige
Dänemarks seit 1459 bestätigte Recht und das unabweisbare Bedürfniß
des Landes offen dar.   Der Verfasser derselben war der schon früher erwähnte, für Schleswig-Holstein so thätige und geistreiche damalige Secretär
der in ihren ganzen Unternehmen leider so unglücklichen „fortwährenden
Deputation der Prälaten und Ritterschaft der beiden Herzogthümer," Dahlmann, welcher endlich im Sommer des Jahres 1829 einem
ehrenvollen Rufe als Professor der Geschichte und Staatswissenschaften an
der Universität Göttingen folgte, und sein liebes Schleswig-Holstein nur deshalb verließ, weil der Kummer über die äußere Erfolglosigkeit seiner edeln, un-
eigennützigen, politischen Thätigkeit für sein zweites Vaterland sein weiches
Gemüth wahrhaft erdrückte. Er war am 13. Mai 1785 zu Wismar geboren,
hatte in Kopenhagen und Halle Philologie und Philosophie studiert, übernahm 1813 die Professur der Geschichte an der Universität zu Kiel und seit
1813 auch das gedachte Secretariat.   Sein Andenken lebt noch heute frisch
und großartig in den Herzen der patriotischen Männer Schleswig-Holsteins,
wie überhaupt im Norden der Elbe, so weit die deutsche Zunge reicht; ja, auch
in Göttingen noch wirkte er thätig als Vertreter des constitutionellen Staats-
lebens fort.

Leider blieb dieser Antrag bei dem deutschen Bundestage mehre Monate
unbeachtet liegen.   Der Bundestag hatte auch selten Zeit dazu, um sich in
gründliche Erörterungen volksrechtlicher Angelegenheiten einlassen zu können,
weil er mehr deshalb tagen und von Zeit zu Zeit Ferien halten zu müssen
sich verpflichtet hielt, um die Fürstenrechte, und dabei auch meist nur die
großstaatlichen Interessen, zu wahren. Es war daher wirklich noch zu
verwundern, daß die mit der Bundesstaatenvertretung betrauten hohen Herren
in der Eschenheimer Gasse zu Frankfurt a. M. den harrenden schleswig-holsteiner Ständen auf ihre Denkschrift von 1822 unterm 27. Nov. 1823 einen
wenn auch abschläglichen Rechtsbescheid ertheilten.   Die Schlagworte
dieser Beschlußfassung sprachen sich dahin aus:

„1) Da die Bundesversammlung aus den bisherigen Verhandlungen die
Ueberzeugung erlangt hat, daß die alte Verfassung in Holstein in aner-
kannter Wirksamkeit nicht bestehe, so werden die reclamirenden holsteinschen Prälaten und Ritterschaftsmitglieder mit ihrem Gesuche und ihrer
Berufung auf den 56. Artikel der wiener Schlußacte als unstatthaft ab-
gewiesen; den Reclamanten wird jedoch zu ihrer Beruhigung eröffnet, daß
Se. Majestät der König von Dänemark, nach der durch Allerhöchstihre Bun-
destagsgesandtschaft wiederholte Erklärung, dem Herzogthume Holstein eine
Verfassung zugesichert haben, welche nach dem 55. Artikel der Schlußacte die
älteren Rechte möglichst berücksichtigen und den gegenwärtigen Zeitverhältnissen
angepaßt werden soll.   Die hohe Bundesversammlung weist zugleich die
reclamirenden Prälaten und Ritterschaftsmitglieder an, dieser Verfassung mit
jenem Vertrauen entgegenzusehen, welches die unumwundene Erklärung Sr.

4 *

Majestät des Königs bei treuergebenen Unterthanen nothwendig erzeugen muß; und ertheilt denselben die Versicherung, daß sie inner der Grenzen ihres Wirkungskreises nach dem 54. Artikel der Schlußacte über die Erfüllung jener Verbindlichkeit zu wachen wissen werde. 2)*) Die neueste Eingabe vom 26. dieses Monats wird der betreffenden Commission zum Vortrage zugestellt, und daß dieses geschehen, den Reclamanten eröffnet." —

Die politisch schlaue Bundesversammlung hatte hierbei, rein durch den Fehler der sogenannten schleswig-holsteinschen Stände, daß diese nur auf „Vermittelung" ihren Antrag gestellt hatten, gleichsam berechtigt, sich als Vermittler aus der weitern Affaire gezogen. — Der 13. Artikel der Bundesacte, welcher ausspricht: „In allen Bundesstaaten wird eine landständische Verfassung Statt finden," war zwar schlagend für Schleswig-Holstein; doch betrachtete Dänemark, wie bekannt, Schleswig nicht als einen Bundesstaat, und für Holstein hatte der König eine neue Vertretung in Aussicht gestellt. Die nur noch formell bestehenden Stände der Herzogthümer hatten aber einzig ihrem Fehler, der Bundesversammlung blos die Vermittlerstelle anzusinnen, diese bundestägige Resolution mit gehöriger Hinterthüre zu verdanken. — Sie mußten gleich weiter vorgehen, und sofort auf rechtliches Erkenntniß und auf Abstellung aller Uebelstände in ihrem deutschen Bundesstaate ihre gerechtfertigten Forderungen stellen; von einer Vermittelung beim Könige von Dänemark, der im Gremium der Bundesversammlung als deutscher Herzog vertreten war, konnte und durfte keine Rede sein. Dieser Fehler der zu einseitig handelnden schleswig-holsteiner Stände hatte eigentlich Alles erst recht verdorben: denn die Bundesversammlung, welche in diesem Falle allerdings, auch ohne directe Beschwerdeführung der Unterthanen, der Erfüllung des 13. Artikels sich anzunehmen, das Recht gehabt hätte, hielt es (klug und weise) gerade beim Könige von Dänemark, als Herzoge von Holstein, für geeignet, in Rücksicht des 13. Artikels nicht einzuschreiten, indem zu jener Zeit dieser und mehre andere Artikel der Bundesacte auch in anderen deutschen Staaten noch unerfüllt geblieben waren. Sie hüteten sich daher sehr schlau, desfallsige Consequenzen im übrigen Deutschlande dadurch gleichsam hervorzurufen. Sonach blieb, genau genommen, einer der ältesten, wirklich constitutionellen Staaten Deutschlands im rechtlosen Schweben zwischen dänischer Monarchie und eigener anfänglich selbstsüchtiger und dann rathloser Aristokratie.

Eine spätere Eingabe der holsteinschen Ritterschaft ꝛc., worin man einige Darlegungen des dänischen Gesandten beim deutschen Bundestage möglichst zu widerlegen versuchte, die am 24. Jan. 1824 zum Vertrage kam, fand gleichfalls keine geneigte Berücksichtigung. Es ward sogar der Beschluß gefaßt, daß die Vertheilung des Abdrucks dieser Eingabe zu verbieten sei, und an alle Bundesregierungen das Ersuchen gestellt werden möchte, alle Denkschriften und Reclamationen, welche bei der hohen Bundesversammlung eingereicht

---

*) Betrifft das nachträgliche Schreiben des Raths Schlosser an die Bundesversammlung, rücksichtlich der von dem königlich dänischen Gesandten abgegebenen Erklärung über den Gegenstand der Reclamation.

werden sollten, selbst da, wo eine Censur noch nicht bestehe, einer solchen zuvörderst zu unterwerfen.

Die sogenannten schleswig-holsteinschen Stände waren über das
Nutzlose ihrer Bemühungen in Aufrechterhaltung ihrer mit der bloßen papier-
nen Verfassung Schleswig-Holsteins freilich im engsten Verhältnisse stehenden
Rechte und Befugnisse vollkommen belehrt, und sie gaben daher, vollständig
entmuthigt, ihre fernere Thätigkeit als Landesrechtsvertreter vor der Hand auf.
Die Sache des Vaterlandes schien dem Schlummer anheim zu fallen;
allein in den Herzen und sinnenden Streben einzelner Patrioten blieb sie wach.
Während nun die Ritterschaft schwieg, dem von ihrem König-Herzoge in Aussicht gestellten neuen Verfassungswerke für die Herzogthümer schweigsam ent-
gegenharrte, und während ihr Wohlstand sich im Verlaufe eines Lustrums von
Neuem hob, nahmen den F a d e n, welchen diese im Unmuthe hatte fallen lassen,
nach einiger Zeit die schleswig-holsteinschen Patrioten wieder auf.

Die Julitage des Jahres 1830 fanden, wie überall in Deutschland,
auch in Schleswig-Holstein einigen Nachhall, und weckten auch hier längst gehegte Wünsche aus dem Schlummer. Hier vermochte zwar nicht das Streben
nach Verbesserung des staatlichen Lebens sich zur selbstthätigen Hülfe zu gestalten, aber der Gedanke an größere F r e i h e i t und an den u n g e t r ü b t e n
B e s i tz e i n e r e i g e n e n V e r f a s s u n g gewann immer mehr in den Herzen
geistig begabter Schleswig-Holsteiner Raum. So wurde im October 1830
von Professoren, Aerzten, Advocaten, Kaufleuten und selbst Beamteten, zuvörderst zu Kiel, beschlossen, den König-Herzog in geziemender Weise durch Petitionen aus den Gemeinden um d i e E i n f ü h r u n g e i n e r z e i t g e m ä ß e n,
a u f d i e a l t e L a n d e s v e r f a s s u n g b e g r ü n d e t e n, f ü r S c h l e s -
w i g-H o l s t e i n g e m e i n s a m e n V o l k s v e r t r e t u n g zu bitten. Unter
diesen Männern, die als Patrioten sich kund gaben, war es hauptsächlich ein
Mann aus der dänischen Beamtetenwelt, welcher ein geborner Schleswiger war,
aber früher sogar selbst als dänischer Staatsdiener sich dem constitutionellen
Leben seiner Landsleute nicht eben geneigt gezeigt hatte, der jetzt durch
Wort und Schrift ohne Scheu die Sache förderte.

Es war der Kanzleirath U w e J e n s Lornsen, ein aus dem wackern
friesisch-deutschen Stamme auf der Insel Sylt im Jahr 1795 entsprossener
Mann, der früher Comptoirchef der schleswig-holstein-lauenburgschen Kanzlei
gewesen, und zuletzt Landvoigt seiner heimathlichen Insel war. Bei seiner
neunjährigen Praxis im Staatsdienste zu Kopenhagen war ihm die dänische
Regierungsweise immer klarer geworden. Erst in Kiel ward in ihm in der
Verbindung mit freisinnigen Patrioten die lebendige Ueberzeugung reif, daß
es an der Zeit sei, die Regierung mit Petitionen wegen der Vertretung der
Herzogthümer und endlich wegen Abfassung einer Landesverfassung derselben
ernstlicher anzugehen.

Als Vorbereitung zu diesem gewichtigen Schritte Seiten der Herzogthümer, besonders zur vorläufigen, genauern Verständigung über die Verfolgung des Zweckes, verfaßte vor Allem Lornsen ein kleines, aber gediege-
nes Schriftchen: „U e b e r d a s V e r f a s s u n g s w e r k i n S c h l e s w i g-
H o l s t e i n", welches 1830 auf etwa 12 Octavseiten in Kiel gedruckt erschien,

und von dem in wenigen Tagen 10,000 Exemplare bereits abgesetzt waren.
Allein es wäre unbedingt geeigneter gewesen, wenn man in den Herzogthümern
eine an den König gerichtete Petition mit 10,000 Unterschriften zu Stande
gebracht hätte, indem dann gewiß bei dem leutseligen Könige eine mit 10,000
Unterschriften beglaubigte, vom Volke selbst direct und nicht mehr von den
sogenannten Ständen, wie früher, ausgegangene Vorstellung, Gutes gewirkt
haben würde, weil sie auf durchaus legalem Wege geschah.

Allein zu solch einem entschiedenen Auftreten war der größte Theil der
Bevölkerung der Herzogthümer zur Zeit noch nicht genug politisch reif, sondern
der Mehrzahl erschien vielmehr jeder öffentliche Schritt zu derartigem Vor=
gehen damals noch als verboten oder verfänglich. In dieser Beziehung hatte
auch der schon erwähnte Graf Magnus von Moltke gar nicht so unrecht,
wenn er in einem über die Verfassungsangelegenheit herausgegebenen Schrift=
chen die Behauptung aufstellte, daß die Schleswig=Holsteiner nur deshalb
noch nicht in dem Besitze der wesentlichen Verfassungsrechte, nament=
lich des Selbstbesteuerungsrechtes wären, weil das Verlangen nach
denselben sich noch nicht allgemein und deutlich genug der Regierung
kundgegeben habe.

Wenn auch Lornsens so verdienstliches Schriftchen etwas verfrühet
genannt werden könnte, so hatte es doch in den Herzogthümern beim Volke
selbst den ersten Impuls gegeben, in Folge dessen auch die politische Reife der
Schleswig=Holsteiner fort und fort gefördert ward. Leider war der Erfolg
der löblichen Bestrebungen Lornsens, für seine Person wenigstens, kein eben
günstiger: denn er ward, nachdem er ein halbes Jahr auf der Festung zu
Rendsburg in Haft gewesen, vom schleswigschen Obergerichte durch einen ohne
alle Entscheidungsgründe und ohne Gesetzesangabe gefällten Urtheilsspruch:
„Wegen Handlungen, die hätten gefährlich werden können“,
seines Amtes entsetzt, sowie zu einjährigem Festungsarreste und zur Tragung
aller Untersuchungskosten verurtheilt; doch ihm die Erlaubniß ertheilt, auch
ferner seinen Titel „Kanzleirath“ führen zu dürfen.

Während aber in Kopenhagen zu jener Zeit über den Stand der
Dinge in den Herzogthümern, wo doch in der Bevölkerung, obgleich bei größerer
politischer Spannung, die angestammte Liebe und Verehrung des Königs
keinen Augenblick erschüttert worden war, allerlei falsche und ungereimte Ge=
rüchte in Umlauf waren, die natürlich auch dem Könige, Friedrich VI., zu
Ohren kommen mußten, sah sich derselbe zu einer unterm 16. November
1830 erlassenen Proclamation veranlaßt:

„Es ist zu Unserer Kenntniß gekommen, daß einige Personen es sich her=
ausgenommen haben, in Unseren Herzogthümern falsche Gerüchte auszustreuen
und es zu versuchen, die ruhigen Einwohner zu gemeinschaftlichen Schritten
zu verleiten, welche nur nachtheilig für die öffentliche Ruhe und Ordnung
werden können. Wir werden einem jeden strafbaren Beginnen den Ernst
entgegensetzen, welchen die Umstände erfordern, und warnen Unsere lieben und
getreuen Unterthanen mit landesväterlicher Huld, jenen Gerüchten keinen
Glauben beizumessen und keiner ordnungswidrigen Aufforderung Gehör zu
geben. Das Wohl des Landes und jedes Einzelnen ist von jeher das höchste
Ziel Unserer Wünsche und Bestrebungen gewesen, und wird es stets bleiben.
Wir finden in Anerkennung Unserer unablässigen Sorgfalt durch den Aus=

druck der Liebe und des Vertrauens Unsers Volkes den größten, Unserem Herzen theuersten Lohn. Deshalb erwarten Wir auch von Unseren lieben, getreuen Unterthanen, daß sie in ihrem Vertrauen auf Uns verharren, und sich überzeugt halten, daß wir eine jede, das Gesammtwohl fördernde Veranstaltung in der dazu geeigneten Zeit treffen werden. Wir versichern sie in's Gesammt Unserer Königlichen Huld und Gnade." 2c.

Frederick VI.

Daß in den „gemeinschaftlichen Schritten" der König nicht die Petitionen, sondern die nach den ihm zugekommenen Gerüchten vorgespiegelte und sogar befürchtete Selbsthilfe durch Gewaltmaßregeln Seiten der Bevölkerung verstanden habe, versteht sich von selbst, und das Volk fand daher auf diese im väterlichsten Tone abgefaßte Proclamation die ihm selbst erwünschte Ruhe wieder.

Doch aus einer auf diese königliche Proclamation unterm 22. November 1830 erfolgte Eingabe der Prälaten und Ritterschaft, sowie der übrigen Gutsbesitzer, ging leider nur zu unzweideutig hervor, daß diese Herren ihre natur- und pflichtgemäße Stellung zu der übrigen Bevölkerung des Landes völlig verkannten und ihre Aristokratie nicht verleugnen konnten. Man ersieht daraus, daß sie laut der Eingabe „überzeugt waren, daß die Umtriebe einzelner Uebelwollender keineswegs mit der öffentlichen Meinung übereinstimmten," verhehlten jedoch nicht, daß die Aufforderungen der Zeit zur Berücksichtigung laut werdender Wünsche immer bringender geworden wären, hielten es aber doch, in einem Augenblicke allgemeiner Gährung, für die ernste Pflicht aller treugesinnten Unterthanen, die Ventilation der ernsten Fragen, welche das allgemeine Interesse des Landes betreffen, nicht zu übereilen 2c.. Sie wollten sich durch diese Eingabe, in trauriger Selbsttäuschung, als die treuesten und wohlmeinendsten Landeskinder, ja, als Stützen des Thrones dem Könige vorstellen, während sie doch früher bei Gefährdung ihrer Privatinteressen die Vermittelung des Bundestages sogar angeflehet hatten.

Jetzt hatten mit einem Male die Prälaten und Ritterschaft in ihrer fortwährenden Deputation wieder Muth bekommen, sich in aller Einseitigkeit ihres Strebens als die öffentliche Meinung beim Könige geltend zu machen, zumal sie in einem Antwortschreiben der schleswig-holstein-lauenburgschen Kanzlei ebenfalls „die gescheiterten Bestrebungen einiger Uebelwollenden", ausgesprochen fanden. Und da in diesem Antwortschreiben auch ausgesprochen war, daß der König nach wie vor mit den nöthigen Vorbereitungen fortfahren werde, um die Wünsche der getreuen Unterthanen, die sie allein zu sein vermeinten, baldthunlichst berücksichtigen zu können, so beeilte sich die neu ermuthigte Deputation, durch eine neue Eingabe unterm 13. December 1830 sich dem Könige abermals bemerklich zu machen, worauf jedoch, da sie die Nichttrennung der Herzogthümer als Bürgschaft dauernden Glückes zu wesentlich hervorgehoben hatten, sie einen allerdings überaus glimpflichen Verweis erhielten.

Endlich kam am 11. Januar 1831 ein königliches Rescript, in dem bestimmt wurde, daß Erstens für jedes Herzogthum berathende Stände eintreten

sollten, wozu die Kanzlei baldigst einen Entwurf zu Allerhöchster Prüfung ein-
zusenden habe. Zweitens sollten dabei im Wesentlichsten die Grundsätze
Preußens in dieser Beziehung zum Grunde gelegt werden; doch sollte dadurch
der Vereinigung der schleswig = holsteinschen Stände und sonstigen die Herzogthümer verbindenden Verhältnissen nicht Abbruch geschehen. Drittens sollte nach
Allerhöchster Prüfung nähere Bestimmung darüber erfolgen, in wie weit dazu
erfahrene Männer aus den Herzogthümern zuzuziehen seien, und Viertens,
sollte die Justiz von der Administration getrennt und beiden Herzogthümern
ein gemeinschaftliches Oberappellationsgericht, das auch für Lauenburg die
höchste Instanz sein sollte, gegeben werden.

Im einer Eingabe der Stände, unterm 7. April 1831, handelten dieselben ebensowenig in Uebereinstimmung mit den Wünschen des Volks, sondern
sie beschränkten sich einseitig auf die Bitte, daß der König die Einführung
gemeinschaftlich berathender Stände nur als eine provisorische Maßregel, wodurch die alte gemeinschaftliche Verfassung keineswegs aufgehoben
sei, erklären möchte. Des Königs, unterm 4. Juni, ertheilte Resolution
lautete dahin: daß die aus freier landesherrlicher Macht beschlossenen Veränderungen in den Herzogthümern nicht zum Gegenstande der ritterschaftlichen Verhandlungen gemacht werden könnten, daß sie
sich jedoch der Mitwirkung zu seiner Zeit gewärtigen könnten. Allein es war
bereits am 28. Mai 1831 das allgemeine Gesetz, welches Provinzial-
stände in den Herzogthümern anordnete, der Resolution an die Stände vor-
hergegangen.

Im Monate Juni besuchte der König die Herzogthümer, und eine Deputation der Stände erhielt bei ihm den erbetenen Zutritt. Doch die in
Rendsburg vor dem Könige erschienene Deputation bezeugte Sr. Majestät
blos die Ausdrücke der allerunterthänigsten Ehrerbietung, und
vermied Alles, was Allerhöchstdemselben mißfällig sein konnte. Allein sie
konnten dabei nicht ganz ihre bekannte aristokratische Natur verleugnen,
welche der Sprecher besonders in folgenden Worten an den Tag legte:

„Möchten Ew. Majestät überzeugt sein, daß der Geist und Glaube der
Ritterschaft, wie aller Holsten Treue und Glaube ist, daß die Forderungen
des Augenblicks uns nicht die gute alte Zeit übersehen lassen, die hinter
uns liegt, daß wir die Vertheidiger der Stabiliät, die Stütze
Ihres legitimen Thrones sind.“

Dem Könige hatten sie dadurch nicht eben imponirt, aber der öffentlichen
Meinung gewaltig damit in das Angesicht geschlagen, und zu gleicher Zeit
bewiesen, daß sie abermals entweder nicht zur rechten Zeit zu reden verstanden, oder nicht zu schweigen wußten. Eine Vertheidigung dieses Benehmens
ward allerdings vom Grafen A. Moltke versucht; ob sie gelungen, darüber
schweigt jedes Urtheil.

Eine directe Eingabe der Deputation, bezüglich des Gesetzes vom
28. Mai 1831, hatte ebenfalls nur den Zweck, sich darüber Gewißheit zu
verschaffen, ob auch durch das Gesetz nächst der Verfassung ihre wirkliche
Stellung nicht aufgehoben und abgeändert werden sollte, und sie legten schlüßlich deshalb noch eine Verwahrung wegen der alten Landesrechte und ihrer
eigenen Gerechtsame besonders in die Hände des Königs. Der König hatte

natürlich auf diese von greßlster Selbstsucht leuchtenbe Eingabe Nichts zu er-
widern, und würbigte sie beshalb keiner Antwort. Daß aber ber König
burch bie Eingaben ber Ritterschaft und ihrer fortwährenben Deputation einen
wirklichen Ueberbruß an allen bergleichen Schriften aus Schleswig-Holstein
bekommen hatte, geht baraus hervor, baß er selbst auf bie in einem klare-
ren, aufrichtigen, bestimmtern, babei natürlichen und ungeschraubten Tone,
unterm 20. Juli 1831, abgefaßte Eingabe Seiten ber nicht zur Ritterschaft gehörigen Gutsbesitzer ebenfalls keine Antwort ertheilte. Die Bittsteller erkannten vor Allem an, baß eine ben Zeitumständen und Verhältnissen
angemessene Verfassung erst bann ausführbar sei, nachbem die Stände mit
ben Bedürfnissen und Interessen des Landes burch Berathungen vertraut
geworden wären. Daher statteten sie auch ihren aufrichtigsten Dank für die
Gabe des Gesetzes vom 28. Mai 1831 ab, legten aber bie Herstellung der
alten ständischen Verfassung mit zeitgemäßen Abänberungen, ohne Beeinträch-
tigung der alten Landesrechte und ihrer eigenen Gerechtsame, an bas Herz bes
König-Herzogs. Außerbem baten sie noch barum, baß ber König eine nähere
Erläuterung des Provinzialstände-Gesetzes ausgehen lassen möchte, da viele
Landesbewohner bei mancher Unklarheit des Wortinhalts die damit beabsichtigte Wohlthat nur wenig erkannt hätten. Endlich stellten sie bas Gesuch,
baß nicht blos aus ben Prälaten und ber Ritterschaft, welchen bie Zusicherung
beshalb schon gegeben worden sei, sondern auch aus ihrer Mitte selbster-
wählten, erfahrenen Männern, an ben vorbereitenden Maßregeln Theil zu
nehmen, gestattet werbe, da boch ihre Besitzungen mehr als bie Hälfte bes
schleswig-holsteinschen Grundeigenthums ausmachten. Am 6. März 1832 erschien bas königliche Rescript wegen Einberufung der erfahrenen Männer; boch warb Nichts über die Resultate
ihrer Berathungen bekannt, und in ber erst am 15. Mai 1834 ausgegangenen
Verordnung, wegen ber neuen Regulirung der ständischen Verhältnisse*) in
ben Herzogthümern, zeigten sich auch nur geringe Spuren von ächter Frei-
müthigkeit dieser berufenen erfahrenen Männer. Von dem ständischen
Rechte der Steuerverwilligung schien übrigens keine weitere Rebe mehr
zu sein, und bie Bebeutung bieses Rechtes mußte bem Bolke wie ben Abge-
orbneten, bie freilich nur wenige Männer bes Volkes zählten, burch bie 1835
geschehene vorläufige Bekanntmachung über bie Finanzen, welche alle Gemüther mit bangen Ahnungen erfüllte, erst recht einleuchtenb werben. Hierbei

---

*) Es fanden aber barnach getrennte Berathungen für die Herzogthümer Statt.
Die Versammlung in Holstein zählte 48 Mitglieder, die in Schleswig 44.
Erstere versammelten sich in Itzehoe; Letztere in Schleswig. Sie wurden aller
zwei Jahre berufen; doch fanden auch, wenn die Regierung es für nothwendig erachtete, außerordentliche Versammlungen Statt. Die Regierung und die Stände
hatten das Recht der Initiative; sie konnten Bitten und Beschwerden vortragen, und das Volk hatte das Recht, Petitionen an die Stände ergehen
zu lassen. Die Mehrzahl der Stände war gewählt, jedes Herzogthum hatte
eine erbliche Virilstimme; die Regierung ernannte fünf Mitglieder der Ritterschaft aus Holstein und vier aus Schleswig, sowie je zwei Geistliche und ein
Mitglied für die Landesuniversität. Die Wahl des Präsidenten bedurfte
nicht der königlichen Bestätigung. Die Oeffentlichkeit war indirect untersagt.

trat aber besonders klar zu Tage, wie vor Allem es nothwendig war, daß eine
Trennung der dänischen Finanzen*) von denen der Herzogthümer durch die neuen Abgeordneten mit Energie und Ausdauer erstrebt
werden mußte (was aber leider nicht geschah), wenn nicht wieder eine Zeit
der Reichs- und Nationalbank und der Bevorzugung der Bankforderungen
über Schleswig-Holstein hereinbrechen sollte, wo eigentlich Alles dem Staate
und Nichts dem Einzelnen gehörte.   Doch wie früher ward auch den
neuen Abgeordneten die Versagung der innigsten Verschmelzung beider Herzogthümer, welche stets ein Stein des Anstoßes für den König und das
Dänenthum gewesen war, ein fortdauerndes Hemmniß, was sich besonders bei
der wirklich erfolgten Trennung der Stände seit 1836 recht fühlbar machte.

Die neuen schleswigschen und holsteinschen Stände, welche im Frühjahre
1836 zum ersten Male, doch gesondert, sich versammelten, hatten allerdings,
wie man aus Dr. E. Heibergs, Advocatens zu Schleswig, Blättern für 1837
und dem Eckernförder Wochenblatte ersehen kann, sehr viel leeres Stroh zu
dreschen, obgleich das Amendement des Obergerichtsabdvocaten Löck wegen der
besonderen Rubriken im Budget, damit man nicht nur die Einnahme in den
Herzogthümern, sondern auch deren Concurrenz zu den Ausgaben ersehen
könne, sowie des Pastor Lorenzen von Hadersleben Antrag auf Oeffentlichkeit der Versammlungen und die Herstellung der Preßfreiheit als
beachtenswerthe Berathungsgegenstände zu bezeichnen sind.   Die Zeit der
Einberufung zur zweiten Versammlung war am 1. October 1837 gekommen;
doch die Regierung machte dazu keine Anstalten.   Gerüchte über neue Anleihen und gesteigerte Ausgaben erweckten im Volke Beunruhigungen, und
eine wahrhafte Fluth von Petitionen gelangte jetzt von allen Seiten her in
die Hände des Königs, der aber die Competenz der Bittsteller in Zweifel
stellte und die Anträge mißfällig aufnahm.   Endlich erfolgte die Einberufung
des Landtags für Schleswig und zwar diesmal zuerst.   Eine Unzahl von
Petitionen gelangte nun an die Versammlung, in denen sich meist die öffentliche Meinung dahin aussprach, daß aus der gemeinsamen Verwaltung
Schleswigs mit Dänemark für Ersteres nur Nachtheil erwachse,
da es das Königreich zum Theile unterhalten müsse, ebenso, daß
die getrennten Stände keine Kräfte hätten, und daß eine vereinigte
Ständeversammlung nur erst Etwas nützen werde; so lange sie blos eine
berathende bleiben würde und nicht wenigstens, wie früher, auch das Recht
hätte, die Steuern zu verwilligen und deren Verwendung zu con-
troliren, sei sie machtlos.

In Holstein waren bei den Abgeordneten als Führer der Liberalen
Löck von Itzehoe, Lorenzen und Jensen von Kiel, von Neergaard
von Develgrüne, und in Schleswig standen an der Spitze der Absolutisten
der Herzog und Prinz von Sunderburg-Augustenburg, der

---

*) Die Staatsschuld war damals schon auf 128 Millionen gestiegen.   Die
Herzogthümer waren höher als irgendwo besteuert, das Militärwesen kostete,
obgleich schlechter, mehr als in anderen Staaten.   Die Civilliste des König-Herzogs betrug fast den 7. Theil der Staatseinnahme, und es stellte sich
ein Deficit von jährlich 1¼ Million heraus.

Pastor Lorentzen und Senator Jensen von Flensburg, während die holsteiner Absolutisten Prangen, Etatsrath Wiese von Kiel und der Bürgermeister D'Aubert von Oldenburg sich sehr den Liberalen näherten. Allein die Thätigkeit dieser beiden Ständeversammlungen blieb für das öffentliche Leben bis zum Tode des Königs, Friedrich VI., am 3. Dec. 1839, eigentlich ziemlich bedeutungslos. — Die Thronbesteigung des Sohnes des 1805 verstorbenen Erbprinzen Friedrichs, Bruders Christians VII., des am 18. Sept. 1786 geborenen Christians VIII., der am 19. Mai 1814 zum Könige von Norwegen ausgerufen worden war, und auch diesem Lande eine vortreffliche Verfassung gegeben und beschworen hatte, leider aber bereits am 16. Aug. 1814 auf die Krone Norwegens, das an Schweden fiel, verzichten mußte, erfolgte am 3. Dec. 1839. Mit ihr erwachten in den Herzogthümern neue Hoffnungen und zugleich erneute Bestrebungen: denn der König Christian VIII. überragte an Bildung und Einsicht unbedingt seinen Vorgänger, Friedrich VI.; auch hatte er in der That als Erbprinz bei manchen Gelegenheiten eine wirklich unbefangene und freisinnige Richtung an den Tag gelegt. Eitles Hoffen! — Seine erste Regierungsthätigkeit beurkundete Christian VIII. in dem bekannten, gleichlautend für das Königreich wie die Herzogthümer abgefaßten „Offenen Briefe." — In ihm versprach er Verbesserungen in der Verwaltung aus, allein von einer Verfassung war freilich keine Rede. — Auch die Herzogthümer blieben nicht zurück, als die Bewohner des Königreichs den König durch ihre Beglückwünschungsdeputationen an die norwegische Verfassung und die Preßfreiheit erinnern ließen. Doch Holstein konnte wegen seiner Bundesverhältnisse zu Deutschland nicht an die norwegische Verfassung mit ihrer rein demokratischen Tendenz denken, und Schleswig wollte von Holstein sich nicht getrennt wissen, sich auch auf die ungewisse Aussicht auf eine der norwegischen Constitution ähnliche Verfassung nicht Dänemark einverleiben lassen, deshalb richtete sich beider Herzogthümer gemeinschaftliche Bitte auf eine Verfassung, welche dem Volke das Steuerbewilligungsrecht und eine entscheidende Stimme bei der Gesetzgebung einräumte. Freilich Mißtöne in den Ohren des völlig dänischgesinnten Königs. — Die Antwort des Königs an die Herzogthümer sprach sich daher auch dahin aus, daß die Bittsteller keines Falls den Sinn des offenen Briefes verstanden hätten. Die Schleswig-Holsteiner hatten allerdings gleich Anfangs nicht den Enthusiasmus und die sanguinischen Hoffnungen mit den Dänen getheilt, und so waren sie auch nicht so verstimmt über die ihnen nicht unerwartete Antwort des Königs, als die Dänen. — Es wurden zwar wegen der Verwaltung, bezüglich der Finanzen, des Gratialwesens, des Militärs ꝛc. Untersuchungs-Commissionen niedergesetzt; allein sie führten, wie dies bei der dänischen Büreaukratie zu erwarten war, zu keinem Resultate. Und das Erscheinen der schon früher mit den Ständen berathenen Gesetze, besonders die Gesinde-, Feiertagsordnung ꝛc. waren nur unbedeutende Anfänge zur Verbesserung. Besonders aber beförderte in Schleswig eine königliche Resolution, welche über den Gebrauch der dänischen Sprache bei officiellen Acten im nördlichen Schleswig, in Folge eines ständischen Antrags, entschied, eine andauernde Aufregung. Die Bevölkerung bediente sich selbst im dänischen Theile m e h r des Verkehrs wegen der d e u t s c h e n S p r a c h e , während nur Be= amtete, die auch auf den ständischen Antrag eingewirkt hatten, die dänische Sprache vorzogen, und man sah in dieser Resolution ein offenbares Anbahnen zur völligen D a n i s i r u n g S c h l e s w i g s , zumal der König selbst ge= äußert hatte, daß er g a n z Däne sei und die d e u t s c h e N a t i o n a l i t ä t s e l b s t i n H o l s t e i n f ü r c h t e . Diese Resolution hatte aber doch wenigstens das Gute, daß durch sie in den Herzogthümern das d e u t s c h e N a t i o n a l = g e f ü h l erst recht geweckt wurde, und daß man selbst in den Ständever= sammlungen von nun an nur den König als H e r z o g bezeichnete.

Die 1840 gehegte Hoffnung der Dänen, eine freiere, von der alten Büreaukratie gelöste Verfassung zu erhalten, schlug fehl, da Letztere zu kräftig, und das dänische Volk selbst zu wenig gebildet war. Daher suchten die Dänen 1841 in der n a t i o n a l e n F r a g e eine Entschädigung: denn sie sahen in der Stellung der Herzogthümer zu Dänemark eine d r o h e n d e G e f a h r f ü r das K ö n i g r e i c h u n d i h r e N a t i o n a l i t ä t . Man stellte von Neuem die Frage wieder auf: ob S c h l e s w i g d ä n i s c h oder d e u t s c h sei? Ent= schied sich für das Letztere, und erklärte es für einen Verrath an der dänischen Nation, Schleswig nicht als u n a b t r e n n b a r e n T h e i l v o n D ä n e m a r k zu betrachten. An der Spitze dieser Partei stand O r l a L e h m a n n , eigent= lich von Geburt ein Deutscher, der sich aber, als ehrsüchtiger Mann, ganz dem Dänenthume zugewendet hatte, und dabei ein gewandter und beredter Mensch war. Ihm und seinen Anhängern, groß an der Zahl, gelang es nur zu bald, das Volk für die Parole „ D ä n e m a r k b i s a n d i e E y d e r ! " zu entflammen. Es bildete sich auch baldigst die anfänglich bloße Partei= idee zur öffentlichen M e i n u n g aus. Diese Ansichtsbekämpfung paßte auch der Regierung in mehrfacher Beziehung, obschon sie selbst Gefahr darin ersah, die Parteibestrebungen der sogenannten „Eyderdänen" in Allem gut zu heißen, weil die Richtung dieser Partei andererseits eine ihr unliebsame freisinnige Richtung zeigte. Doch die Regierungspartei sah sich endlich ge= nöthigt, ganz der nationalen Partei sich anzuschließen.

Daher konnte es auch auf dem Landtage zu Roeskilde 1844 dem A l g r e e n U f f i n g gelingen, den folgenden Antrag durchzubringen:

„Der König möge erklären, daß D ä n e m a r k , S c h l e s w i g , H o l s t e i n und L a u e n b u r g einen e i n i g e n und u n t h e i l b a r e n Staat ausmachen, in dem die Erbfolge ausschließlich nach dem K ö n i g s g e s e t z e gelte, und daß Jeder, der dagegen schreibe, spreche oder handele, als H o c h v e r r ä t h e r behandelt werden möge."

Allein dieser durchgegangene Antrag war nur dazu geeignet, erst recht in den Herzogthümern die Jahrhunderte hindurch in Lethargie befangen ge= wesene d e u t s c h e N a t i o n a l i t ä t zu wecken und völlig zur Flamme anzu= fachen. Jetzt kam auch die Darlegung des alten E r b r e c h t e s in den Herzog= thümern *) zur Sprache, sowie Erörterungen über das a l t e R e c h t derselben

---

*) Christians VIII. Sohn, Friedrich VII., stand schon im reifern Alter, und es waren keine Aussichten zur Nachkommenschaft da. So war der Fall einer

und die Wichtigkeit ihrer Nationalität, weil sie bei den ihnen bevor=
stehenden Kämpfen auf Deutschlands Hilfe vertrauen mußten.

In dieser Nationalitätsfrage der Herzogthümer haben sich aber nament=
lich zwei Männer große Verdienste um Schleswig=Holstein=Lauenburg er=
worben. Es waren K. Sammer in der Schrift „Staatserbfolge der
Herzogthümer Schleswig=Holstein" (Hamburg 1844) und L.
Stein, Professor zu Kiel, welcher seit 1843 vorzüglich in der „Allge=
meinen Zeitung," namentlich auf die hohe Wichtigkeit der Her=
zogthümer für Deutschland hinwies, und so eigentlich der Erste war,
der das Mitgefühl der Deutschen weckte und die Aufmerksamkeit der deutschen
Völkerstämme auf die Sache der Herzogthümer lenkte, sowie sie für diese po=
litisch=nationale Lebensfrage der nördlichsten Länder deutscher
Abkunft erwärmte. Zugleich aber ward auch durch sie in den Herzog=
thümern selbst die Ueberzeugung befestigt, daß man in der selbstän=
digen männlichen Erbfolge nur das gute und unverweicherliche Recht
der Herzogthümer zu fordern berechtigt sei, und unbedingt in diesem geforder=
ten Rechte sogar eine deutsche Sache von höchster Wichtigkeit vertheidige.

Als daher der Ussingsche Antrag für die Durchführung der dänischen
Nationalidee die Herzogthümer wie eine böse Mähr aus den grauen Tagen
des altdänischen Königs Harald und des Schützen Palno Toko*) durchlief,
erhob sich der lebhafteste Unwille in den Gemüthern der Schleswig=Holsteiner.
Mit einem Male strafte man jetzt das dänische Vorgeben Lügen, daß nur die
starke Beamtenaristokratie der Herzogthümer in denselben die Wider=
part gegen Dänemark und das Dänenthum bisher gehalten habe. Der Augen=
blick war aber gekommen und die günstige Gelegenheit stand vor der Thüre,
daß auch das Volk der Herzogthümer selbst zeigen konnte, wie es eigentlich
allgemein die dänische Herrschaft verabscheue, und die deutsche Langmuth bei
ihm nun eine Endschaft gefunden hatte.

Die vom Professor Droysen in Kiel entworfene Adresse an die zu
Itzehoe versammelten Stände, voller Geist und Energie, erhielt der Unter=
schriften größte Anzahl, und unter ihnen befanden sich die Namen der vor=
nehmsten und geachtetsten Männer. Ebensowenig fehlte es an allseitigster
Zustimmung aus allen Gegenden der Herzogthümer, und wohl kein einziger
Schleswig=Holsteiner von einiger Bedeutung versagte damals, seine Namens=
unterschrift unter die beistimmenden Erklärungen zu setzen. Selbst Deutsch=

Abtrennung der Herzogthümer sehr nahe herangerückt: denn starb Fried=
rich VII. ohne männliche Erben, so fiel Dänemark nach dem Königsgesetze an die
weibliche Linie, den Prinzen Friedrich von Hessen, Sohn der Land=
gräfin Charlotte, Schwester Christians VIII. Dagegen mußten die Herzog=
thümer nach dem Rechte der männlichen Primogenitur an das Haupt
der zweiten oder jüngern Linie, den Herzog von Sunderburg=
Augustenburg, fallen. Ja, es erschien klar, daß damit die langerhoffte Tren=
nung der Herzogthümer von Dänemark wirklich und wohl für immer geboten war. —
Daher auch die Umtriebe der Eyderdänen.

*) Ist der Tell der Dänen, der auf Befehl des Königs Harald den Apfel
von des eigenen Söhnleins Haupte schoß, und einen zweiten Pfeil für den König
in seinem Wamse verborgen hatte.

lands Gauen, deren viele sich immer noch geknechtet fühlten, jubelten bei
dieser schleswig-holsteiner würdigen Volkserhebung laut auf, und begrüßten
die stammverwandten Brüder in den von Dänemark tyrannisirten deutschen
Herzogthümern bei ihrem Herannahen zum deutschen Staatenbunde, der bamals an Haupt und Gliedern auch ein anderer, besserer zu werden versprach,
was leider durch Ueberstürzung vereitelt worden war.

Auf der Seite der ob dieser unerwarteten Erhebung der Herzogthümer
erstaunten Dänen nahm sich die Preßfreiheitsgesellschaft der Sache an, und
machte förmliche Propaganda im Norden Schleswigs für die Bestrebungen
der noch über die Eyderdänen hinausschreitenden dänischen Nationalpartei,
während von den Schleswigern aus, der Hilferuf an das deutsche Volk erscholl,
sich ihrer deutschen Sache anzunehmen. Die vorzüglichsten Preßorgane
Mittel- und Süddeutschlands nahmen sich der deutsch-schleswig-holsteinschen
Sache an. Sie hatten den Hilferuf Schleswigs vernommen, und beeiferten
sich, die Sympathie der deutschen Staaten für die Sache der um Hilfe
Rufenden zu wecken, und ihnen deren heißes Verlangen nach völliger Vereinigung mit den übrigen deutschen Brüdern kund zu geben.

Vor Allem stellte die deutsche Presse die hohe Wichtigkeit dar, welche
Schleswig-Holsteins vom Dänenthume gelöste, innigste Verbindung mit
Deutschland, besonders für dessen Flotte und dessen Handel habe, zumal man damals in Deutschland ernstlich an die Ausdehnung des Zollver-
eins dachte, mit der leider, im engherzigen Krämergeiste befangen, die Hamburger nicht einverstanden waren. Besonders trat L. Stein auf und wies nach,
daß doch unbedingt die höchsten Volksinteressen Süd- und Norddeutschlands
Hand in Hand gingen und daß Deutschland geeignet sei, ein großes abge-
rundetes Handelsgebiet werden zu können, daß aber freilich dabei die
Verbindung mit Schleswig-Holstein, sowie dessen Unabhängigkeit von einem
undeutschen, seine eigenen Interessen nur verfolgenden Staate das unerläß-
lichste Erforderniß sei. Auf diese Weise ward in der That erst für Schleswig-
Holstein, außer dem schon regen deutschen Nationalmitgefühle, auch das ma-
terielle Interesse Derer gewonnen, die sich bei vorherrschendem kaufmän-
nischen Materialismus, der in Deutschland die Partei der Indifferenten leider
stets überwiegend machte, nicht zu einem solchen Gefühle zu erheben vermochten.

Das deutsche Mitgefühl wuchs in dem von den Dänen gleichfalls gehaßten
Deutschlande ebenso sehr, als das deutsche Bewußtsein sich in den Herzogthümern gesteigert hatte, welche nun erst recht nach dem Uffingschen Antrage
wie ein Prometheus an das Haus des treulosen Sundzöllners ge-
schmiedet werden sollten. Die dänische Regierung legte sich in den Hinterhalt,
um den Augenblick zu erspähen, in dem sie mit einem gewaltigen Satze auf
die kühnen Herzogthümer losstürzen zu können vermeinte, während die Führer
der nationaldänischen Partei im stolzen Dänenbewußtsein sich zu allerlei
Taktlosigkeiten verleiten ließen, die allerdings nur zum endlichen Bruche führen
mußten.

Der am 8. Juli 1846 erlassene „Offene Brief" des Königs, Christian VIII. von Dänemark, war eigentlich nur recht dazu geeignet, die Er-

bitterung der Herzogthümer vollends zu entflammen, die doch durchaus von keiner Trennung etwas wissen wollten, nachdem sie schon seit 1386 (vergl. S. 13.) vereint worden waren. In diesem denkwürdigen, in der Geschichte der Herzogthümer Epoche machenden Actenstücke erklärte nämlich der König: daß das ganze Herzogthum Schleswig durch die Vorgänge des Jahres 1721*) untrennbar mit Dänemark verbunden sei, daß dasselbe für einen Theil Holsteins gelte, und daß der König diese Ansicht für die allein giltige erklären müsse."

Die Aufregung hatte jetzt fast den Höhepunkt bei der Publikation dieses „Offenen Briefes" erreicht, und die zu Itzehoe versammelten Stände sprachen sich nochmals gegen den König dahin aus, daß die Untheilbarkeit Schleswigs und Holsteins sowohl, als auch die Unzertrennbarkeit beider Herzogthümer, sowie die männliche Erbfolge in denselben ein altes unumstößliches Recht sei.

Jedoch der König nahm diese Erklärung der Stände nicht an, und die Stände gingen, nach einer feierlichst beim deutschen Bundestage eingelegten Verwahrung, auseinander. Allein was geschah von Seiten des Bundestages: er gab unterm 17. September 1846 eine Resolution, die weder entschieden gegen die Herzogthümer, noch bestimmt für dieselben lautete. Freilich war diese Resolution, so zu sagen, immer noch gnädig genug, da man damals eigentlich nur daran gewöhnt war, die Bundesversammlung meist nur offen zu Gunsten eines Souveräns gegen die Völker auftreten zu sehen.

Eine bedeutende Volksversammlung zu Neumünster sprach sich mit vollster Energie für die Forderung der Achtung vor dem Landesrechte der Herzogthümer aus, und die Stimmung gegen die Uebergriffe des durch den König selbst unumwunden repräsentirten, schroffsten Dänenthums ward immer drohender.

Ein dritter „Offener Brief" des Königs Christian VIII., den er am 18. September (seinem Geburtstage) erließ, sollte eigentlich dazu dienen die Gemüther zu beruhigen; freilich ward dieser Zweck kaum palliativ erreicht. Man beeilte sich Seiten der Regierung nebenbei, eine officielle Schrift herauszulassen, in welcher man das absolute Unrecht des Königreichs Dänemark auf Schleswig, sowohl aus aufgegriffenen historischen Daten, als nach juristischen Begriffen, zu erläutern und nachzuweisen bemüht gewesen war. Und dieses seltsame Conglomerat von aus dem Zusammenhange gerissenen Thatsachen und aus dem historischen Rechte angeblich entnommenen und geschraubten Folgerungen, ohne allen staatsrechtlichen Halt, ward an die Höfe entsendet.

---

*) Wo Schweden im Frieden zu Neustadt selbst den Theil von Schleswig, den Dänemark dem Herzoge von Holstein-Gottorp abgenommen, als dänisch bestätigte. Kaiser Karl VI. ermahnte am 9. August 1720 Dänemark, den Herzog Karl Friedrich in seine Lande zu restituiren, und, wenn dies nicht binnen 2 Monaten geschehe, sich der Restitutions-Execution zu gewärtigen. Auch erhielt am 9. August 1720 bereits der niedersächsische Kreis die Weisung, im Weigerungsfalle die Execution gegen Dänemark zu übernehmen.

Dieser officiellen Beweisschrift der dänischen Regierung gegenüber stellten sich jedoch die allbekannten neun Professoren der Kieler Universität, welche, nicht bedenkend, welche Gefahr für sie daraus erwachsen müsse, in einer gründlichen und gehaltvollen Abhandlung das absurde Gesuchte dieses sogenannten „Commissionsbedenkens" darlegten, sowie die historische und juristische Wahrheit der von den Herzogthümern wiederholt aufgestellten Behauptungen ihres alten guten Rechtes auf die schlagendste Weise nachwiesen, so daß man Seiten der dänischen Regierung, ihre endliche Ohnmacht an den Tag legend, nicht einmal eine Widerlegung versuchte. So glaubte man wirklich überzeugt sein zu dürfen, daß dieser abermalige gewaltsamste Anlauf der dänischen Einverleibungssucht, so gut als völlig abgeschlagen, zu betrachten sei. Trotzdem aber sollte es nicht der letzte versuchte Angriff :ber die deutsche Nationalität der Herzogthümer tödtlich hassenden dänischen Nationalpartei sein, welche in dieser geltend sich machenden Nationalität den Untergang der ihrigen fürchtete.

Der bejahrte und dabei sich keiner festen Gesundheit erfreuende König Christian VIII. hatte einen einzigen Sohn, Friedrich VII., der am 6. October 1808 geboren und am 3. Dec. 1839 in die Rechte eines dänischen Kronprinzen eingetreten, auch zwei Mal verehlicht, aber nicht nur das erste Mal, im September 1837, von der jüngsten Tochter Königs Friedrich VI. von Dänemark, Wilhelmine Marie, sondern auch zum zweiten Male, am 30. September 1846, von der Tochter des Großherzogs Georg von Mecklenburg, Caroline Charlotte Mariane, geschieden war. Seine beiden Ehen waren kinderlos geblieben, welcher Umstand umsomehr als ein schweres Gewicht in die Waagschale der Zeit fiel, als der dänische Königsstamm aus dem oldenburger Hause mit Friedrich VII. auszusterben drohte, zumal der König keine Neigung zeigte, eine legitime Ehe wieder eingehen zu wollen. Eine morganatische Ehe ging er bekanntlich erst am 7. August 1850 mit der mehrfach bekannten Louise Christine Raßmussen, einer Putzmacherin, ein, welche er zur Lehensgräfin Danner erhob.

Dieser Umstand, daß der Nachfolger Friedrich VII. wahrscheinlich unbeerbt das Zeitliche segnen würde, raubte nun allerdings schon der dänischen Monarchie die endliche Möglichkeit der völligen Verschmelzung der deutschen Herzogthümer, Schleswigs und Holsteins, mit dem Dänenstaate. Ebensowenig war diese Vereinigung mittels der Gewährung einer wahrhaft constitutionellen Freiheit recht denkbar, da die dänische Regierung mit ihrer furchtbaren Büreaukratie sich unmöglich der altgewohnten Unterdrückung aller Volksfreiheit vollkommen entäußern konnte. Dazu kam, daß längst die zu vorherrschend und strebsam gewordene liberale Partei in den Herzogthümern, welche alles Dänenthum und dessen unablässige Propaganda verabscheute, mit den genealogisch und staatsrechtlich begründeten dynastischen Hoffnungen des nun ältesten Zweiges der königlich-herzoglichen Seitenlinie, der sunderburg-augustenburger Herzöge, Hand in Hand ging, welche doch die Trennung der Herzogthümer vom Königreiche bedingten.

Als schon die Lage der Dinge sehr bedenklich geworden war, dachte allerdings die dänische Regierung noch an die Gewährung einer gemeinschaftlichen

Verfassung für das Königreich und die Herzogthümer, zumal selbst die dänische Nationalpartei mehr und mehr liberale Ideen merken ließ.

Das Jahr 1847 verlief in Ruhe, während jedoch die drohende Stellung beider Parteien, sowohl der auf ihrer Hut bleibenden deutschen in den Herzogthümern, als auch der dänischen Nationalpartei, immer die unverrückte blieb. Während man ferner Seiten der dänischen Regierung den schon angedeuteten Verfassungsplan ernstlichst in's Auge faßte, und bereits mit den Vorarbeiten zu einer neuen gemeinsamen Verfassung (allerdings nur im Düster des kabinetlichen Geheimnisses) sich beschäftigte, damit der König Christian VIII. im Jahre 1848 mit derselben urplötzlich hervortreten konnte, um dadurch die Möglichkeit zu erzielen, für immer die beiden scharf von einander getrennten Theile der dänischen Gesammtmonarchie auf ewig verbinden zu können. — Doch der Mensch denkt und Gott lenkt! — In Gottes Rathschlusse war es anders beschlossen. Er rief schon oft Könige von ihrem Throne, wenn sie am Thätigsten zur Berückung oder Unterdrückung ihrer Völker waren.

Allein die stets milde Hand der Vorsehung ließ dem nur verblendeten Könige Christian VIII. nicht die schwerste Prüfung erfahren; der höchste Lenker des Fürsten- und Völkergeschicks und der König aller Könige, der auch in die Tiefen des Geheimnisses im dänischen Kabinete blickte, welches in einer neuen Verfassung den Herzogthümern eigentlich nur eine Lockspeise darbieten wollte, hatte einen andern Plan. Die Majestät aller Majestäten rief dem Könige Christian VIII. zu: „Es ist zu spät: denn Deine Sanduhr ist schon abgelaufen;" — eine den gewissen Tod bringende Entzündung machte am 20. Januar 1848 seinem Leben ein Ende, und sein Sohn Friedrich VII. ward noch an demselben verhängnißvollen Tage als König von Dänemark und Herzog von Schleswig, Holstein und Lauenburg in Kopenhagen ausgerufen.

L. Schleswig-Holsteins thatkräftige Erhebung unter Dazwischenkunft des Bundes und abermalige Unterwerfung, bis zum Berliner Frieden, 1850.

Man hat nicht mit Unrechte diese Periode der Drangsalsgeschichte der beiden deutschen Herzogthümer „den Anfang vom Ende" genannt, und wir wollen wünschen, daß wenigstens nach dem Abschlusse des letzten Abschnittes, der bis zum Aussterben der königlichen Linie reicht, das Ende des erlittenen Ungemachs und der harten Prüfung herbeigeführt sei. Allerdings kann Deutschland, vom heiligsten Mitgefühle getrieben, in ernstester Erhebung gegen die Dänen und ihren erst danisirten Protocoll-König für die Unzertrennbarkeit der stammverwandten Staaten einzig den Ausschlag geben. Allein werden Deutschlands Fürsten, mit Beiansetzung aller Sonderinteressen, von der deutschen Willenskraft ebensosehr beseelt, als die deutschen Völkerstämme sein? Werden auch die beiden Großmächte nicht wieder wie 1848/50, unter Einmischung fremder Mächte, die schleswig-holsteinsche Sache fallen lassen, während sie, sozusagen, unterrichteter Sache heimzogen, die Herzogthümer trennen ließen und auf Treu und Glauben der dänischen Brutalität für die beliebige Nachenahme überließen? —

Als König Friedrich VII. am 20. Januar 1848 den dänischen Thron, als letzter männlicher Sprosse aus der Königslinie der Oldenburger, bestieg, waren 400 Jahre verflossen, und 1858 waren ebenfalls 400 Jahre dahingegangen, seitdem Schleswig und Holstein sich den ersten Königherzog aus dem königlichen Hause Dänemark in der Person Christians I. erwählten.

Trotz des am 8. Juli 1846 vom Könige Christian VIII. erlassenen „Offenen Briefes," in Folge dessen in den Herzogthümern die Stimme des Volkes endlich laut wurde, sprach sich dennoch der König auf die bei der Bundesversammlung eingegebene Beschwerdeschrift der holsteiner Stände, und zwar unter Anerkennung, daß Schleswig und Holstein bei gemeinsamer und gleichartiger Gesetzgebung und Verwaltung alle öffentliche Rechtsverhältnisse mit einander gemein hätten, dahin aus, daß es ihm nie in den Sinn gekommen sei, die Selbständigkeit der beiden Herzogthümer, deren Verfassung und sonstige auf Gesetz und Herkommen beruhende Beziehungen zu beeinträchtigen, er auch nie Willens sei, wohlbegründeten Rechten der Agnaten zu nahe zu treten.

Diese Worte, obgleich aus eines Königs Munde, waren jedoch keine Brücke, auf deren Halt man sicher fußen konnte. — Der darauf erfolgte Bundesbeschluß vom 17. September 1846 äußerte daher auch nur das zuversichtliche „Erwarten", daß der König bei Ordnung der öffentlichen Verhältnisse die Rechte Aller und Jeder, in's Besondere des deutschen Bundes, erbberechtigter Agnaten und der gesetzmäßigen Landesvertretung beachten werde, und sich in dieser Beziehung die Competenz des Bundes vorbehielt. —

Auch waren, wie wir schon sahen, die Landesrechte Schleswig-Holsteins, namentlich das Recht auf Fortbauer ihrer seit 1386 von allen Königen Dänemarks verbrieften und beschworenen Verbindung nicht offenbar angetastet worden, ja, selbst die drei letzten Könige, Friedrich VI. Christian VIII. und sogar noch Friedrich VII., in einer Proclamation vom 28. Januar 1848, hatten feierlichst dieses Unzertrennbleiben den Herzogthümern angelobt.

Allein schon Christian VIII. war zu schwach, sich dem Danisirungsgelüste der völlig democratisch sich erhebenden Nationalpartei zu widersetzen. Obgleich Monarch, wie seine Vorgänger seit 1660, mußte er es ruhig geschehen lassen, daß das Recht der Unzertrennbarkeit der Herzogthümer vernichtet werden sollte.

Noch nachdrücklicher zeigte sich die dänische Volkspartei nach der in Paris ausgebrochenen Revolution des Jahres 1848: denn nur einige Monate nach der Thronbesteigung Friedrichs VII. und dessen Proclamation vom 28. Januar an Schleswig-Holstein entwickelte sich auch in Kopenhagen unter den Augen Friedrichs VII. ein Aufstand. Diese am 21. März zuerst ausgebrochene Revolte der dänischen Volkspartei, welche aus der ersten, durch den Antrag Algreen Ussings auf dem Ständetage zu Roeskilde, im Jahre 1844, veranlaßten eyderdänischen Erhebung hervorgegangen war, beabsichtigte nicht nur den Umsturz der Verfassungen Dänemarks und Schleswig-Holsteins, sondern auch die völlige Trennung Schleswigs von Holstein und die Einverleibung Schleswigs in Dänemark.

Der König Friedrich VII., dem mit „offenbarer Selbsthilfe der Verzweiflung" von Seiten der Volkspartei gedroht worden war, war völlig willenlos geworden, und wählte sogar ein neues Ministerium aus der Mitte der Führer dieser Umsturzpartei. Dieses sogenannte Cafino-Ministerium decretirte sofort die Trennung der Herzogthümer und die Einverleibung Schleswigs unter einer gemeinsamen Constitution auf breitester democratischer Grundlage. Ebenso setzte es sofort Militär in Bewegung, das die beschlossene Einverleibung vollziehen sollte. Diese Volkspartei war selbst so maßlos, daß sie sogar durch die Presse verlautbarte, daß der König, der selbst seiner Leibgarde sich beraubt sah, falls er sich gegen die Schleswig-Holsteiner nachgiebig zeigen würde, nicht allein den Thron, sondern auch den Kopf verwirken würde.

Schleswig-Holstein erhob sich gemeinschaftlich zur Abwehr dieser Parteiübergriffe gegen den ohnmächtigen König, und dieses Vorgehen der Herzogthümer ward auch vom Könige von Preußen und den gesammten deutschen Bundesfürsten ohne Bedenken als ein wirklich conservativer Schritt und eine gerechtfertigte Nothwehr betrachtet. Daher ward auch Seiten der Bundesversammlung Deutschlands die wirkliche Verbindlichkeit anerkannt, vor Allem das Recht des Bundesstaates Holstein in der Sache der Fortbauer seiner Verbindung mit Schleswig mittels Gewalt der Waffen gegen jeden Angriff der aufrührischen Dänen zu schützen. —

Doch kaum war von Seiten des deutschen Bundes das Verlangen auf Wiederherstellung der Herzogthümer in das staatliche Verhältniß vor 1848 an Dänemark gestellt worden, so zeigte sich auch alsbald bei den Verhandlungen der Großmächte wegen einer Friedensvermittelung zwischen den Herzogthümern und den Dänen, sowie zwischen diesen und dem für die vereinigten deutschen Staaten Schleswig-Holstein mit den Waffen vermittelnd eintretenden deutschen Bunde, daß das anmaßende russische Kabinet sich dem Dänenstaate freundlich gesinnt zeigte.

Selbst König Friedrich VII., der doch persönlich nicht abgeneigt gewesen, das Recht der Herzogthümer wiederholt anzuerkennen, doch von jener ihn beherrschenden Volkspartei gezwungen war, auch gegen Deutschland den Krieg aufzunehmen, sah es am Ende doch nicht ungern, daß der Czar Nicolaus I. für Dänemark wenigstens diplomatisch Partei nahm. Dem Czar lag übrigens Nichts daran, ob Dänemark unter einem absoluten Monarchen stehe oder ob es Staaten habe, welche eine constitutionelle Verfassung hatten, sondern ihm lag weit mehr daran, Dänemark von Rußland abhängig zu wissen, wozu er jetzt, die beste Gelegenheit gefunden zu haben, vermeinte. Aber auch Oesterreich mischte sich im großstaatlichen Gegensatze zu Preußen, das die Oberleitung der Bundesexecution gegen Dänemark übernommen hatte, in die Angelegenheit, und trat sogar der Richtung Rußlands zur Seite.

Durch diese Sonderinteressen der beiden deutschen und zweier auswärtiger Großstaaten, sowie namentlich durch den wirklich beklagenswerthen

Mangel an Energie bei der Kriegsführung einiger Bundesheerabtheilungen gegen Dänemark in der Sache der Herzogthümer mußten diese allerdings endlich unterliegen. Die beiden Feldzüge unter Preußens Oberanführung hatten, wie bekannt, weiter keinen bestimmten Erfolg, als daß dabei Menschen unnütz geopfert wurden.

Das nähere Eingehen in die Einzelheiten der kriegerischen Unternehmungen des Bundesheeres sowohl, als der schleswig-holsteiner tapfer sich schlagenden Truppen gegen Dänemark bietet kein eigentliches Interesse für den Zweck dieses Schriftchens dar, daher wir darüber hinweggehen müssen.

Der berliner Waffenstillstand vom 10. Juli 1849 machte bekanntlich dem zweiten Feldzuge ein Ende. Das schleswig-holsteinsche Heer, welches mit großer Tapferkeit die Dänen bis nach Jütland bereits zurückgeworfen, und bei Kolbing und Gudsöe den Sieg über dieselben erfochten hatte, erhielt leider durch den Ueberfall bei Fridericia einen gewaltigen und, im Verhältnisse zu den Streitkräften, einen wirklich höchst empfindlichen Schlag.

Während der Dauer des Waffenstillstandes sollten sogar Schleswig und Holstein getrennt von einer aus einem Preußen und einem Dänen, sowie einem diesen Beiden als Schiedsrichter beigegebenen Engländer bestehenden Regierungscommission verwaltet werden. Allein in dieser sogenannten Landesverwaltung hatte sich der Däne ein so entschiedenes Uebergewicht zu erringen verstanden, daß es den Anschein gewann, als ob dieselbe zu den eigentlichen Vorbereitungen für die wirkliche Einverleibung Schleswigs beauftragt sei.

Die beim Abschlusse des Waffenstillstandes festgesetzten Präliminarien zum endlichen Frieden zielten außerdem, wider alles Erwarten, dahin ab, daß Schleswig von Holstein getrennt werden und, unbeschadet der politischen Verbindung mit Dänemark, eine in Gesetzgebung und Verwaltung abgesonderte Verfassung erhalten sollte, daß aber die definitive Organisation des Herzogthums Schleswig erst den weiteren Verhandlungen vorbehalten bleibe, und daß dabei Rücksicht genommen werde, die Aufrechterhaltung der nichtpolitischen Bande materieller Interessen zwischen Schleswig und Holstein zu erzielen. Auch sollte dieses Alles unbeschadet der Erbfolgefrage, welche aber erst im Einverständnisse mit den Großmächten geordnet werden sollte, in's Werk gesetzt werden.

Hiermit hatte man den anfänglichen Zweck des Krieges zwischen dem deutschen Bunde und Dänemark, der, obgleich er eigentlich nur ein Schachspiel der Politik gewesen war, doch so mancher Mutter Sohne das Leben gekostet (wonach aber freilich die Herren in den Kabineten nicht fragen), nämlich den Zweck, die Herzogthümer nach ihrem 464 Jahre zählenden guten historischen Rechte ungetrennt zu erhalten, effectiv fallen lassen. In dieser Beziehung bewahrheitete sich abermals das alte deutsche Sprichwort:

„Das Schwert will nicht viel bedeuten:
„Drum hing man es nur an die Seiten.
„Die Feder tritt ungleich mehr hervor:
„Drum steckt man diese hinter's Ohr.“

In Berlin wurden jetzt die wirklichen Friedensunterhandlungen eröffnet. Allein vier Monate brauchte man nur dazu, um über die vier Haupt-

punkte der Organisation des nunmehr abgetrennten und für Deutschland verloren gegebenen Schleswigs, über dessen Volksvertretung, bewaffnete Macht, Finanzen und Indigenatsrecht, welche nach Dänemarks
Vorschlägen mit ihm gemeinschaft, nach Preußens Vorschlägen jedoch gesondert bestehen sollten, ohne jeden Erfolg zu unterhandeln. — Ja, es
unterfing sich sogar das russische Kabinet, seinen ganzen Einfluß zu Gunsten
Dänemarks von Neuem geltend zu machen, sowie durch eine Depesche vom
1. Februar 1850 die Wiederaufnahme seiner diplomatischen Beziehungen zum
deutschen Bunde zu beanspruchen, und dabei die Zugeständnisse der Anforderungen des dänischen Kabinets gradezu dem deutschen Bunde zur Bedingung zu stellen. Zwar ward diese russische Anmaßung vom deutschen
Bunde unbeachtet gelassen, allein sie hatte doch das Uebele bewirkt, daß von
einer Nachgiebigkeit Seiten Dänemarks, welches von nun an Rußland sich zur
Seite fühlte, keine Rede mehr war.

Das lange Hin= und Herziehen der Unterhandlungen und die russische
Einmischung hatte Preußen, das am 20. Juni 1850 von der Bundescen-
tralcommission damit beauftragt ward, mit Dänemark allein im Namen des
deutschen Bundes wegen des endlichen Abschlusses des Friedens zu unterhandeln,
und zwar mit Zurückweisung aller der Punkte der Präliminarien, welche
offenbar dem Bundesbeschlusse vom 17. September 1846 zuwiderliefen, die
ferneren Unterhandlungen so überdrüssig, daß es am 17. April 1850 einen
einfachen, durchaus Nichts für den Zweck des Krieges erzielenden Frieden mit
Dänemark zu Stande brachte. — Dieser Friede ließ alle Streitfragen über die
ferneren Verhältnisse der Herzogthümer unerörtert; dem Könige von Dänemark sollte sogar die Intervention des deutschen Bundes zur Wiederherstellung
seiner landesherrlichen Gewalt in Aussicht gestellt sein, und Schleswig, die
Motive des Krieges, mußte darin (!) unerwähnt bleiben. — Ein Friede also,
durch den leider Dänemark nun erst recht in seiner Anmaßung bestärkt wurde.

Ja, Dänemark benahm sich sogar bei diesem so günstigen Friedensab-
schlusse so trotzig, daß es nur unter Vermittelung des englischen Kabinets mit
der Bedingung in die Annahme am 2. Juli 1850 willigte, daß Preußen, sich
an den londoner Unterhandlungen wegen der gemeinsamen Erbfolge für die
Gesammtstaaten des Dänenkönigs betheiligen zu wollen, zusagte.

Dieser auch vom englischen Gesandten am preußischen Hofe, als Stellvertreter der vermittelnden Macht, mit unterzeichnete Friede zerfällt in folgende
auf Deutschland Schmach häufende Artikel:

1. Friede, Freundschaft und gutes Verständniß soll zwischen dem deutschen
Bunde und Dänemark sein, und von Beiden sorgfältig vermieden werden,
was die so glücklich (?!) wiederhergestellte Einigkeit trüben könnte. 2. Alle
früheren Verträge und Vereinbarungen sind wieder hergestellt. 3. Alle beider-
seitigen Rechte, welche vor dem Frieden vorhanden gewesen, werden vorbehalten. 4. Der König von Dänemark wird dem Bundesrechte gemäß die
Intervention des deutschen Bundes anrufen können, um die Ausübung seiner
legitimen Gewalt in Holstein wieder herzustellen, indem er zugleich seine Absichten über die Pacification des Landes mittheilt. Wenn auf solches Anrufen
der Bund nicht interveniren, oder die Intervention desselben wirkungslos sein
würde, wird der König freie Hand haben, die militärischen Maaßregeln auf
Holstein zu erstrecken, und zu diesem Zwecke seine bewaffnete Macht zu ge-

brauchen. 5. Von beiden Seiten sollen Commissäre ernannt werden, zur Feststellung der Grenze zwischen den nicht zum deutschen Bunde gehörigen (?) und den dazu gehörigen Staaten des Königs von Dänemark*). (Durch einen geheimen Artikel zum Friedenstractate verpflichtete sich endlich der König von Preußen, an den Verhandlungen in London Theil zu nehmen.)

Der Friede konnte übrigens wegen des damaligen Mangels eines gemeinsamen Bundesorgans, weil die deutschen Bundesstaaten sich noch in zwei Parteien, in die zu Oesterreich und die zu Preußen haltende, zerspalteten, von der preußischen Partei am 6. September durch 17 besondere Ratifications-acte, und von Seiten der rehabilitirten Bundesverjammlung zu Frankfurt erst am 3. October 1850 die Genehmigung (leider!) erhalten.**)

Dieser Friede konnte allerdings, wie auch in ihm schon angedeutet, den Herzogthümern, für die doch der deutsche Bund eingetreten war, keine Beruhigung bringen. Es war den Herzogthümern vielmehr die Hoffnung, auch fernere Hilfe von Deutschland zu erhalten, durch ihn geschwunden. Der Ausspruch: Seid ihr Gottes Kinder, so helft Euch selber! ertönte an ihr Ohr, seitdem besonders die Versuche der Statthalterschaft, eine Versöhnung mit Dänemark zu vermitteln, gescheitert waren, und man von Seiten Dänemarks, das sich nun erst im rechten Fahrwasser wußte, nur die unbedingteste Unterwerfung forderte.

Das Manifest des Königs Friedrich VII. an Holsteins Bewohner, vom 14. Juli 1850, gelangte erst an sie nach der Eröffnung der Feindseligkeiten, und sein Inhalt verrieth, daß Dänemark dadurch nur Zeit gewinnen wollte, weil es überdies selbst den Beginn des Kriegs beschleunigt hatte. — Der höchst blutige Kampf bei Idstedt, am 25. Juli 1850, hatte bereits die überlegene dänische Armee geschlagen, als im unglückseligsten Irrthume der Obergeneral des schleswig-holsteinschen Heeres, Willisen, zum Rückzuge commandirte, somit dem dänischen Heere den nördlichern, größern Theil von Schleswig Preis gab, und sich auf des südlichen Theiles Besetzung beschränkte. Nun vermied es zwar das dänische Heer, eine zweite Schlacht mit den Schleswig-Holsteinern zu wagen, hoffte aber, von anderer Seite her sich Unterstützung verschaffen zu können. In Frankreich suchte Dänemark vergeblich Hilfe. Allein in der Eschenheimergasse zu Frankfurt a. M. war es, sich auf den Frieden vom 3. October 1850 berufend, glücklicher; zumal Preußen und die zu ihm hinneigenden Bundesstaaten die neue von Oesterreichs Partei begründete Bundesverjammlung noch nicht anerkannt hatten. Die schleswig-holsteinsche Statthalterschaft ward von Preußen nun aufgefordert, einen Waffenstillstand einzugehen, während ein Schreiben von Frankfurt, unterm 30. October, sogar Einstellung der Feindseligkeiten, Zurückzieh-

---

*) Dreifaches Wehe über die Diplomaten, die einen solchen Deutschland nur entwürdigenden Frieden mit dem Duodezstaate Dänemark zu Stande brachten. Wozu war es dann nöthig, erst friedliche Menschen zum Morden gegen einander zu hetzen? — Gott ist langmüthig!

**) Besser es wäre die Genehmigung nicht erfolgt, weil wir dann ein trauriges Denkmal weniger hätten, welches von der Stellung Deutschlands in der Reihe der europäischen Mächte der Nachwelt Kunde giebt.

ung des Heeres aus ganz Schleswig, Beurlaubung eines
Theiles desselben unter Androhung der Bundeshilfsvollstreckung forderte.
Die Statthalterschaft wollte wohl Preußens Waffenstillstandsgebot gern be-
folgen, lehnte aber das Frankfurter Ansinnen mit gutem Fuge und Rechte ab.
Ihr Schreiben vom 3. November zeigte ihre äußerste Entschlossenheit und
schließt daher mit den Worten:

> „Die Herzogthümer sind entschlossen, auf ihrem guten Rechte zu beharren
> bis zum Aeußersten. Sie wollen es erwarten, ob es möglich ist, daß deutsche
> Fürsten dieses Recht niedertreten werden, nachdem es Ihresgleichen vertheidigt
> haben. Wir werden dies mit Fassung erwarten: denn, wenn es uns bestimmt
> sein soll, zu fallen, so ist es uns am Ehrenvollsten, wie schmachvoll es für
> Teutschland sein mag, durch Teutsche zu unterliegen.“

Preußen einigte sich endlich durch die Olmützer Convention am
29. November 1850 mit Oesterreich zu einem gemeinsamen Vorgehen gegen
Schleswig-Holstein. Am 6. Januar 1851 stellten sich bereits ein preußischer
und österreichischer Commissar in Kiel ein, und übergaben der Statthalterschaft im Auftrage des deutschen Bundes eine Note, welche die Feindseligkeiten einzustellen, die sämmtlichen Truppen aus Schleswig zu
ziehen, in Holstein die Armee auf ein Drittheil zu reduciren,
die Landesversammlung aufzulösen und alle Vorkehrungen
zur Fortsetzung der Feindseligkeiten zu beseitigen, befahl.
Unter Anderen heißt es noch in dieser jeden braven Teutschen, der Teutschlands Biederkeit nicht gern durch solch ein diplomatisches Spiel unlauter zu
sehen wünscht, höchst befremdende Note:

> „Wenn wir ermächtigt sind, einerseits die Versicherung zu ertheilen, daß
> der Zweck unsers Wirkens, die Herstellung eines Zustandes ist, welcher dem
> Bunde erlaubt, die Rechte des Herzogthums Holstein, und das altherkömm-
> lich berechtigte Verhältniß zwischen Holstein und Schleswig zu wahren, so
> müssen wir auch ausdrücklich erklären, daß im Weigerungsfalle 25,000 Mann
> kaiserlich-österreichischer und 25,000 Mann königlich-preußischer Truppen,
> welche sich schon jetzt der holsteinschen Grenze nähern, dieselben ohne Verzug
> zur Ausführung einer gemeinschaftlichen Execution überschreiten werden.“

Nächstdem ward in einem Schreiben der Commissare an die Statthalterschaft unterm 7. Januar 1851 nachträglich erklärt, daß durch das Nachkommen
der Anforderungen ohne Widersetzlichkeit der Druck der Execution erspart
werden könne. Nach Beseler's Austritte, welcher am 7. Januar noch
resignirte, ward die Statthalterschaft nur noch vom Grafen Reventlow geführt.
Dieser erklärte sich am 11. Januar bereit, den gestellten Anforderungen zu
genügen, und die Commissare erklärten dagegen, daß, wenn kein weiterer
Widerstand gegen die Ausführung der Forderungen eintrete, auch die Bundestruppen nicht in Holstein einrücken würden.

Nach treulichem Nachkommen der von dem Bunde gestellten Anforderungen Seiten der Statthalterschaft, und unter deren Berufungen auf die Verheißungen desselben Bezugs der Rechte Holsteins, sowie seines alther-
kömmlichen Verhältnisses zu Schleswig, legte am 1. Februar 1851
die Statthalterschaft ihre Function nieder. An ihre Stelle trat jedoch für
Schleswig ein dänischer Regierungscommissar, welcher mit der schrankenlosesten
Willkühr zu schalten und zu walten begann, während in Holstein eine

Interimsregierung eingesetzt ward, welche die oberste Civilbehörde hieß, und unter der Oberaufsicht der beiden Commissare des Bundes, sowie eines dänischen Commissars (des Grafen Reventlow-Criminil) die inneren Angelegenheiten des Herzogthums überwachte. — Die Erdrückung der schleswig-holsteinschen Erhebung gegen die Anmaßung des Dänenthums war vollendet, nachdem die schleswig-holsteinsche Armee aufgelöst und auch noch zum Ueberflusse deren bekanntes überreiches Kriegsmaterial an die Dänen ausgeliefert worden war. Trotzdem, daß in Holstein nicht der minbeste Widerstand sich zeigte und trotz der gegebenen Versicherung der Bundescommissare, rückte bennoch ein Theil der an der Grenze stehenden Bundestruppen in Holstein ein, und zwar unter dem Scheine, die dänische Regierung für die weiteren Unterhandlungen zu größerer Nachgiebigkeit badurch zu veranlassen, und in bieser Beziehung eine Art von Pfandnahme zu bewerkstelligen.

Vom Bundesbeschlusse des 17. September 1846 war keine Rede mehr; an bessen Stelle war der famöse berliner Friede vom 2. Juli 1850 getreten, und die olmützer Convention vom 29. November 1850 brachte die bem deutschen Bunde keine Ehre machende Ausführung besselben, welche mit dem 1. Febr. 1851 so unbegreiflich enbete. Mittlerweile war auch die im geheimen Artikel des berliner Friedens angebeutete Erbfolgeangelegenheit Dänemarks am 2. Aug. 1850 durch das erste londoner Protocoll, das Lord Palmerston, sowie die Gesandten Rußlands, Frankreichs, Oesterreichs, Schwedens und Dänemarks unterzeichnet hatten, angebahnt. —

Damals bestand der königliche Mannsstamm des olbenburger Hauses auf dem Dänenthrone nur noch auf vier Augen, aus den beiden kinderlosen Gliebern, dem Könige Friedrich VII. und dem Erbprinzen (Oheim des Königs) Friedrich Ferdinand. — Nach bem Absterben Beider wäre nach der Erbfolgeordnung in dem bänischen Königsgesetze eigentlich an biejenige Agnatin, welche mit dem Könige am Nächsten verwandt war, die Thronfolge gekommen, ober, sobalb keine Prinzessin vom Mannsstamme vorhanden, an die dem letzten Könige nächstverwandte Frauenlinie gefallen, und es mußte sich erst nach dem völligen Aussterben des Mannesstammes von der weiblichen Linie zeigen, welche Cognatenlinie die Nächste zur Thronfolge sein würde. In Dänemark selbst sah man damals den Sohn der an den Lanbgrafen Wilhelm verheiratheten bänischen Prinzessin Louise Charlotte, den Prinzen Friedrich von Hessen-Cassel, bessen Mutter eine Vaterschwester Friedrichs VII. war, der aber jetzt zur Erbfolge in Hessen selbst berechtigt ist, für den legitimen Thronfolger an. — Dagegen galt für Schleswig-Holstein stets nur die agnatische Erbfolge des Mannsstammes ohne alle weibliche Anwartschaft, und nach dem Aussterben des Mannsstammes der Königherzöge von Schleswig-Holstein mußte baher die herzoglich schleswig-holstein-funderburg-augustenburger Linie bie zur Erbfolge zunächst allein berechtigte sein. —

Ueberbies mußte Schleswig-Holstein, nach altem Rechte, nach dem Aussterben der Königherzogslinie, als deutsches Reichslehn, zur Selbstständigkeit wieder gelangen. —

In Lauenburg*) ward die Erbfolge nicht weiter bestimmt, obgleich die Rechte und Privilegien des Landes beibehalten sind. Nach dem Kieler Frieden, am 14. Januar 1814, erhielt Friedrich VI., nachdem dieser König gegen Abtretung Norwegens an Schweden von diesem Schwedisch-Pommern, und Preußen von Hannover das Herzogthum Lauenburg abgetreten erhalten hatte, Letzteres von Preußen gegen Abtretung von Schwedisch-Pommern.

, Doch kam Lauenburg an den Dänenkönig nicht als Herzog von Schleswig-Holstein, obgleich es am 16. Juli 1816 zu Holstein geschlagen wurde, und von da an mit diesem beim deutschen Bunde vertreten war. Aus dem Grunde jedoch, daß die alten Rechte und Privilegien in Lauenburg von Friedrich aufrecht erhalten, und bei der Uebertragung nicht aufgehoben wurden, gilt auch für Lauenburg keine cognatische, sondern die alte agnatische Erbfolge, weshalb nur die ältere erbberechtigte Nebenlinie des Königshauses Oldenburg in Dänemark und Schleswig-Holstein, das Haus Schleswig-Holstein-Sunderburg-Augustenburg (nicht Sunderburg-Glücksburg) auch in Lauenburg erbberechtigt sein muß.

Bei den Verhandlungen in London handelte es sich darum, eine neue Dynastie auf dem dänischen Throne nach dem Aussterben des königlich-oldenburger Mannsstammes zu begründen. Dafür schien auch dem Czar von Rußland der Prinz Friedrich von Hessen-Cassel, ein Schwiegersohn in dessen erster Ehe, am Geeignetsten; doch dieser erklärte sich bereit, darauf zu verzichten, da er in Kurhessen nächster Erbfolger war. Die Wahl

---

*) Was die Ansprüche des Hauses von Kur-Sachsen betrifft, so hatte bereits Kaiser Maximilian I. dem Kurfürsten Friedrich III. (Weisen) und seinem Bruder Johann die Anwartschaft und eventuelle Belehnung auf die lauenburgschen Lande durch eine Urkunde (Constanz, 28. Juli 1507) ertheilt (Lünigs Reichsarchiv Pars Spec. II. S. 233). Allein dieser Anwartschaft wurde die ernestinische Linie durch Johann Friedrichs I. Achtserklärung verlustig. Am 10. Juli 1660 erhielt Kurfürst Johann Georg II. für sich und seine Nachkommen diese ausschließlich ertheilt, und dem Kurf. Johann Georg III. ward diese Anwartschaft am 19. September 1686 erneuert. Johann Georg II. hatte diese Anwartschaft sich noch ganz besonders dadurch gesichert, daß er mit dem Herzoge Julius von Lauenburg am 3. September 1671 eine Erbverbrüderung errichtete. Sonach hätte das Kurhaus Sachsen bereits bei dem am 19. September 1689 erfolgten Tode des Herzogs Julius Franz das nächste Anrecht auf Lauenburg gehabt. Allein es fanden sich als Prätendenten dafür besonders die Herzöge von Sachsen ernestinischer Linie und albertinischer Linie, der Herzog Georg Wilhelm von Braunschweig-Celle, die Fürsten von Anhalt, die Herzöge von Mecklenburg, die Herzogin von Holstein, Eleonore Caroline, und der König von Schweden, von denen die beiden Letzteren besonders die Erbfolge im Lande Hadeln streitig machten. — Die Herzöge von Braunschweig behaupteten jedoch am Glücklichsten ihre Ansprüche auf Lauenburg, setzten sich auch bald in den Besitz des Landes, und schlossen mit dem Kurhause Sachsen einen Vergleich ab. In diesem begab sich Friedrich August I., als König von Polen August II., unterm 19. Juni 1697 mittels Vertrags aller seiner Ansprüche auf Lauenburg gegen die Summe von 1 Million 100,000 Gulden. Außerdem behielt er Titel und Wappen von Engern und Westphalen bei, und erhielt die Mitbelehenschaft, sowie die Erbfolge nach Abgang des Braunschweig-Lüneburgschen Mannsstammes zugestanden. —

des damaligen Erbgroßherzogs von Oldenburg soll daran gescheitert
sein, daß dieser die Aufrechterhaltung der Rechte Schleswig-Holsteins zur Bedingung sich gestellt haben soll.   Endlich fiel die Wahl auf den Prinzen
Christian von Schleswig-Holstein-Sunderburg-Glücksburg,
der auch eine Schwester des Prinzen Friedrich von Hessen zur Gemahlin hat,
und außerdem der einzige Prinz war, welcher im Kriege von 1848/50, sein
Deutschthum verleugnend, sich zu den Dänen gehalten hatte.   Es wurde ihm
auch die Thronfolge durch das londoner Protocoll vom 8. Mai 1852 zugesprochen und, nachdem der dänische Reichstag am 24. Juni seine Zustimmung
ertheilt, ward er als Erbprinz von Dänemark durch ein königliches Gesetz am
31. Juli 1853 bestätigt.

Doch der russische Czar Nicolaus I. wollte auch hier sich noch ganz besonders als Richter und Schutzherr geltend machen.   Deßhalb berief er eine
Conferenz nach Warschau, wozu sich der Prinz Christian von Sunderburg-
Glücksburg, der preußische Ministerresident von Manteuffel, der dänische
Gesandte von Meedtz ꝛc. geladen einfanden.   Bei dieser Conferenz ward
zwar die Wahl des Prinzen Christian als annehmbar befunden; doch
stellte sich der Czar Nicolaus für seine Familie, als holstein-gottorper Linie,
den Vorbehalt, daß bei Feststellung der neuen Erbfolge deren eventuelle
Erbansprüche nicht nur als begründet anerkannt, sondern auch für die
Zukunft als geltend bestehen sollten.   Wie die Dynastie Holstein-
Gottorp-Romanow auf dem Czarenthrone diese Prätention machen
konnte, begreifen wir nicht, da sich Paul I., Vater des Nicolaus, als letzter
souveräner Herzog von Schleswig-Holstein-Gottorp 1773 seiner Ansprüche an
Holstein dadurch begeben hatte, daß er Oldenburg und Delmenhorst
dafür annahm, und diese dann an die jüngere Linie von Holstein-Gottorp freiwillig abtrat.   Dänemark ging jedoch, ohne an das Jahr 1773 zu denken,
darauf ein, und das warschauer Protocoll ward am 5. Juni (24. Mai) 1851
vollzogen, in dessen Eingange sogar als eine ausgemachte Sache hingestellt
ist, daß nach dem Aussterben des königlichen Mannesstamms in Dänemark
schon jetzt zur Erbfolge in dem ehemaligen, 1773 von Christian VII. gegen
das 1667 ererbte Oldenburg und Delmenhorst eingetauschten gottorpschen
Antheile von Holstein das Haus Gottorp-Romanow berechtigt sein würde.

Allein bei dem Mangel an genügender Rechtsgrundlage war diese neue
Erbfolge durchaus noch nicht durch den londoner Tractat allein schon rechts-
giltig gesichert.   Hierbei kommt vor Allem noch in Frage: sind fremde
Mächte auf Antrag eines Fürsten dazu berechtigt, wenn sie
nicht Gewalt vor Recht geltend machen wollen, nach Gutdünken
und aus angeblichen Gründen der Zweckmäßigkeit alte Erb-
rechte einzelner Fürstenhäuser ohne Zuziehung aller agna-
tischen und cognatischen Erbberechtigten durch willkürliche
Beschlüsse zu vernichten? — Wenn dieses Gebahren sich endlich in Europa geltend machen, die Succession beliebig aus dem Bereiche des historischen Rechts und der Genealogie gerückt werden sollte, so würde das dynastische Erbfolgesystem baldigst auf sehr unsicherem Grunde stehen.   Ja, es
würde dann namentlich das historisch-genealogisch begründete Erbrecht der

weniger mächtigen Fürstenhäuser nur zu bald in die Gefahr gerathen, bei
erster bester Gelegenheit durch das Recht der Gewalt der Mächtigeren zu
fallen, und zugleich würde dadurch der historisch-rechtlich begründeten L e g i -
t i m i t ä t der Todesstoß beigebracht werden können. In solchen wichtigen
Fällen kann nur der staatsrechtlich gebildete Historiker und Genealog, aber nicht
der i m S a l o n b l o s a u s g e b i l d e t e D i p l o m a t entscheiden. Uebrigens
fehlt dem londoner Tractate die rechtliche Giltigkeit auch deshalb, daß ihm
die Zustimmung des Herzogs von Schleswig-Holstein-Sunderburg-Augustenburg fehlt, was man selbst auf Seiten der beschlußfassenden Mächte gefühlt
haben mag, weil man sich sonst nicht so viele Mühe noch nachträglich gegeben
haben würde, die Erklärung des Herzogs ebenfalls zu erlangen. Wenn überdies
im londoner Tractate zu Eingange hervorgehoben wird, daß die d e m T h r o n e
a m N ä c h s t e n s t e h e n d e n B e r w a n d t e n , also doch wahrscheinlich nur der
am 29. Juni 1863 erst verstorbene Erbprinz F r i e d r i c h F e r d i n a n d und
der Prinz F r i e d r i c h v o n H e s s e n , m i t g r o ß e r B e r e i t w i l l i g k e i t a u f
i h r e E r b g e r e c h t s a m e B e r z i c h t g e l e i s t e t h a b e n , so konnte diese Ber-
zichtleistung keine Entscheidung abgeben, weil das zunächst dann erbberechtigte
Haus Holstein-Sunderburg-Augustenburg auch erst darum hätte befragt werden müssen, zumal das Haupt dieser ältern Nebenlinie des Königshauses,
der Herzog C h r i s t i a n K a r l F r i e d r i c h A u g u s t , sowohl als S o h n der
Prinzessin Louise, T o c h t e r C h r i s t i a n s VII., Königs von Dänemark,
und S c h w e s t e r († 13. Januar 1843) Königs F r i e d r i c h s VI., als auch
dessen S c h w e s t e r , Caroline Amalie, Gemahlin Königs C h r i -
s t i a n VIII. (Wittwe seit 1848) war, wodurch er doch in keinem geringern,
sondern sogar höhern Verwandtschaftsgrade zum königlichen Hause Dänemark
stand, als die Obengenannten, welche erst vom Erbprinzen F r i e d r i c h , der
nicht zum Throne gelangt ist, abstammen: denn er ist der E n k e l des Königs
C h r i s t i a n s VII. und war S c h w a g e r Friedrichs VI. — Uebrigens tragen die
Dänen einen töbtlichen Haß gegen ihn, den sie auch nach dem Siege bei
Flensburg gegen seine Besitzungen und Schlösser in rohester Weise an den
Tag legten. — Der Herzog stand nämlich in sehr nahen Verhältnissen zu
H a r t w i g B e s e l e r , dem Präsidenten der provisorischen Regierung, sowie zu
K. F r. S a m w e r , der jetzt in Gotha Geh. Regierungsrath ist und sich be-
sonders durch eine gründliche Darlegung des herzoglichen Erbrechtes be-
kannt gemacht hat. —

Schlüßlich ist nicht zu übersehen, daß der londoner Tractat vom 8. Mai
1852 zwar von den mitunterzeichnenden Mächten a n e r k a n n t , aber von ihnen
k e i n e s w e g s g a r a n t i r t worden ist, indem darin jedes Wort mit diplo-
matischer Genauigkeit vermieden .ist, das nur im Mindesten als auf eine
Garantie deutend aufgefaßt werden könnte. Daher kann jetzt, wo andere
Mitglieder des altoldenburger Hauses eine nähere Berechtigung nachweisen
können, und sich namentlich darthut, daß es eigentlich an den von den Mächten
vorausgesetzten, a l l s e i t i g s t e n B e r z i c h t l e i s t u n g e n f e h l t e , für die
Thronfolge des sogenannten P r o t o c o l l - K ö n i g s , C h r i s t i a n von H o l -
stein-Sunderburg-Glücksburg, durchaus keine Garantieen vorliegen. Doch
wir wollen ihn den Dänen als Spielzeug ihrer Laune belassen, aber

Deutfchland muß, um feine Ehre zu wahren, des Protocollkönigs Anfprüche auf die deutfchen Herzogthümer Schleswig, Holftein und Lauenburg mit allem gebotenen Ernfte zurückzuweifen, um nicht dadurch die wahren deutfchen Legitimitätsrechte, durch abermalige Nachficht und Rück- fichten verleitet, mit dem Fallenlaffen der zunächft für Schleswig-Holftein erb- berechtigten Linie Holftein-Sunderburg-Auguftenburg unverant- wortlicher Weife zu verletzen. *)

F. Schleswig-Holftein, trotz der mehrfachen Mahnungen des deut- fchen Bundes und der deutfchen Großmächte, Preußens und Oefter- reichs, in der Gewalt der dänifchen Willtür bis zum Tode des König-Herzogs Friedrich VII. am 15. November 1863.

Wir werden jedoch über diefe höchft troftlofe Periode der Herzogthümer nur andeutend hinweggehen, da fie eigentlich für unfern Zweck wenig bietet, und überdies dem Lefer die Daten derfelben in noch zu frifchem Andenken find.

Während man in London den Tractat wegen der Erbfolge abfchloß, pflog der deutfche Bund wegen der Selbftändigkeit der Herzogthümer und Er- füllung der endlichen Zugeftändniffe und Verheißungen für diefelben mit Dänemark Unterhandlungen, wobei wir nur die Langmüthigkeit der mit der Angelegenheit vom Bunde näher betrauten deutfchen Großmächte bewundern müffen. Doch das ftets treulos fich erweifende Dänemark fuchte diefelben fortwährend in die Länge zu ziehen, um vielleicht dadurch den deutfchen Bund doch am Ende noch gänzlich im Verfolge der Sache zu ermüden.

Die dänifche Regierung hatte zwar der Bundesverfammlung das an Holfteins Einwohner erlaffene Manifeft vom 14. Juli 1850, als Programm ihres befchloffenen Verfahrens, vorgelegt. Doch diente diefe Vorlage nur zur Abwehr: denn von der allgemeinen Amneftie, und der Beftätigung der da- maligen Beamteten in den drei Herzogthümern, fowie von der Befchützung der deutfchen Nationalität in Schleswig war keine Rede. Auch die Zufammen- berufung von achtbaren Männern aus den Herzogthümern, welche das Ver- hältniß derfelben zu Dänemark berathen follten, damit den Wünfchen und An- fichten derfelben, foweit fie mit dem Wohle des Gefammtftaates vereinbar wären, Rechnung getragen würde, gelangte zu keinem zweckdienlichen Reful- tate. Der der Verfammlung vorgelegte Organifationsplan zielte vielmehr rein dahin ab, dem Programme der Eyderdänenpartei zu genügen, und Schleswig durch eine gemeinfame Conftitution baldmöglichft auf's Innigfte mit Dänemark zu verbinden, während die Verfaffung Holfteins ganz uner- wähnt blieb. Die Verfammlung währte allerdings vom 14. Mai bis 16. Juli 1851 unter dem Vorfitze des dänifchen Grafen Bille-Brahe; allein über das Refultat ihrer Vorlagen ift Nichts bekannt geworden.

Die Wiederherftellung des frühern Zuftandes der Herzogthümer fand aber ganz befonders bei der herrfchenden Partei offenbaren Widerfpruch, und dennoch erließ der Dänenkönig auf ein Erfordern der Bundesverfammlung und des mit der fchleswig-holfteinifchen Angelegenheit befonders beauftragten

---

*) Oefterreich und Preußen haben bei dem Londoner Protocolle nur als europäifche Großmächte concurrirt und Deutfchland dabei nicht vertreten.

Oesterreichs und Preußens eine Erklärung, daß er gesonnen sei, nach erfolgter Rückgabe der vollen landesherrlichen Gewalt, seine Zusagen für Holstein zu erfüllen. Allein diese verdächtige Erklärung, in der Schleswigs sogar nicht gedacht war, genügte weder der Bundesversammlung, noch Preußen und Oesterreich, und man verlangte Zusagen entscheidenderer Art, worauf der Notenwechsel von Neuem begann, der endlich zur Verständigung und zu einer Proclamation des Königs an seine Unterthanen, am 28. Januar 1852, führte. Diese Proclamation, welche aber nur ein beruhigendes Pulver für den deutschen Bund war, stellte in einigen allgemeinen Zügen das künftige Verhältniß der einzelnen Länder zu einander und in ihrer Vereinigung zum Gesammtstaate dar. Besonders deutete sie die Verhältnisse an, welche den gemeinschaftlichen Ministerien und der Gesammtverfassung, sowie die, welche zu den Ministerien für Holstein-Lauenburg und für Schleswig, als von der Sonderverfassung abhängig, gehören sollten. Zu den Sonderangelegenheiten gehörten die Domainen, zu Holstein und Schleswig aber gemeinschaftlich die Universität Kiel, Ritterschaft, der Kanal, die Taubstummen-, Irren- und Strafanstalten, sowie das Brandversicherungswesen, und endlich wurde auch die Provincialständeverfassung in Aussicht gestellt. Diese Proclamation war auch Preußen und Oesterreich mitgetheilt und dabei bemerkt worden, daß der Dänenkönig mit der Auffassung der Höfe von Berlin und Wien, hinsichtlich der Nichtincorporation Schleswigs, sich einverstanden erkläre. — Somit waren abermals die Unterhandlungen mit Oesterreich und Preußen Seiten Dänemarks wegen Schleswig-Holstein auf eine schlau berechnende Weise beendigt.

Doch Eines hatte man in den langen Verhandlungen von Oesterreichs und Preußens Seite unbeachtet gelassen: es ward nämlich nicht die Bedingung gestellt, daß Dänemark gegen die Bewohner der Herzogthümer keine Rache üben durfte; daher kam es, daß die dänische Regierung durch den Erlaß eines sogenannten Amnestiepatents viele Männer in den Herzogthümern nebst deren Familien des Landes verwies. Unter ihnen befand sich auch der Herzog und Prinz von Schleswig-Holstein-Sunderburg-Augustenburg nebst Familie.

Unter Androhung, daß im Betretungsfalle ernstlich gegen sie verfahren werden sollte, mußten Viele Amt, Haus und Hof verlassen und in der Ferne hoffnungslos sich eine Zufluchtsstelle suchen. Alle Offiziere des schleswigholsteinschen Heeres mußten unter Androhung der Todesstrafe (durchs Kriegsgericht) das Land ebenfalls verlassen. Namentlich hatte Schleswig durch die dänische Verfolgungssucht furchtbar zu leiden; fast alle Beamteten der Verwaltung und über 100 Geistliche, sowie eine große Anzahl Lehrer wurden ihrer Aemter entsetzt und dafür Dänen eingesetzt, während man an einer ungeheuern Zahl von Einwohnern durch Einkerkerung, Beschlagnahme ihres Eigenthums und Einziehung ihrer Gewerbsconcessionen fürchterlich Rache übte. Ja, selbst Holstein blieb von solchen Unbilden dänischer Willkühr in ganz ähnlicher Weise nicht verschont, indem man ebenfalls über viele Professoren der Landesuniversität, Geistliche, Beamtete die Landesverweisung aussprach.

Einige dieser Vertriebenen hatten zwar im Auslande wieder Anstellungen gefunden, doch gerieth ein großer Theil derselben in Armuth, so daß in allen deutschen Gauen zur Unterstützung derselben milde Gaben gesammelt werden mußten, wobei selbst viele deutsche Fürsten willig mit beigesteuert haben. — Ueberdies wurde auch die Einheit der dänischen Armee angeordnet, weshalb die in den Herzogthümern ausgehobenen jungen Mannschaften nach Dänemark transportirt, während die Garnisonstellen der Herzogthümer mit dänischen Truppen im Uebermaße besetzt wurden. Ebenso ward der zum Nachtheile der Herzogthümer wirkende, aber zum Vortheile Kopenhagens dienende dänische Zoll eingeführt. Ferner ward die Einheit der Münze ausgeschrieben, und die hamburgschen und lübeckschen Münzen weggenommen. Endlich aber wurden Schleswig und Holstein unter ein unerhörtes Zwangspolizeiregiment gestellt; es wurden mit rohster Willkühr die Steuern erhöht und die Ueberschüsse zu Millionen nach Kopenhagen geschafft.

Nicht minder willführlich verfuhr man noch im Jahre 1853 bei der Grenzregulirung, die man den deutschen Commissaren schlau aus den Händen gewunden hatte; es wurden ganze Districte, namentlich im Amte Rendsburg, von Holstein abgerissen und zu Schleswig geschlagen. Mit wahrhaftem Hohne gegen den deutschen Bund wurde aber besonders in Schleswig das Einverleibungsprincip verfolgt, indem man die Stellen in der Verwaltung, Gerichtspflege, sowie im Kirchen- und Schulwesen mit Stockdänen besetzte, um Schleswig sobald als möglich in Sitten und Gebräuchen, sowie in der Sprache zu einer bloßen dänischen Provinz umzugestalten. Ja, man verwandelte sogar eine ziemliche Anzahl deutscher Ortsnamen in dänische, wodurch ungeheuere Mißstände hervorgerufen wurden. Endlich wurde selbst, um recht sicher den Vertilgungskrieg gegen die deutsche Sprache und Nationalität führen zu können, in etwa 60 Kirchspielen die dänische Sprache als Schul- und Kirchensprache gewaltsam eingeführt, und dabei nicht einmal gestattet, daß die Aeltern ihren Kindern deutschen Privatunterricht ertheilen lassen durften.

Nach langer Willführregierung in den verfassungslosen Herzogthümern und nach furchtbarer Ausbeutung derselben in finanzieller Beziehung, wurden endlich, um aber nur dem deutschen Bunde gegenüber das dänische Widerstreben zu vermänteln, im Herbste des Jahres 1853 neue berathende Versammlungen der Stände zusammenberufen, und denselben die Sonderverfassungen für Schleswig und Holstein vorgelegt. Allein, was geschah bei dieser Vorlage, man untersagte gradezu den als Berathern einberufenen Ständen, diejenigen Punkte, die sich auf das Verhältniß der beiden Herzogthümer zu dem Gesammtstaate bezögen, ihrer Berathung zu unterwerfen.

Nach diesem blos formellen Acte erschien eine Sonderverfassung am 15. Februar für das Herzogthum Schleswig und am 11. Juni 1854 erst die neue Verfassung für Holstein, in welcher jedoch schmerzlich zu bemerken war, daß bei Abfassung derselben die von den Ständen abgegebenen Gutachten in keiner Weise beachtet worden waren. Darin ward aber vor Allem das so wichtige Steuerverwilligungsrecht der Stände vermißt, und ihnen nur die bedauerliche Competenz zugestanden, daß, im Falle die Einnahmen der Herzogthümer nicht ausreichen würden, um völlig die Ausgaben decken zu können, sie dann über die Art der Aufbringung, aber keineswegs über den Betrag der noch aufzubringenden Summe, einen Beschluß zu fassen haben sollten. Doch bei Veränderungen in der Gesetzgebung sollte ihnen eine entscheidende Stimme zustehen. Außerdem waren zwei Punkte der neuen Verfassung, welche namentlich mit der frühern Rechtsverfassung im grellsten Widerspruche standen, unbedingt nur darauf berechnet, die Polizeiwillkühr zu fördern und jedes Lautwerden der Unzufriedenheit mit der Regierung niederzuhalten. Diese Punkte enthielten die Bestimmungen, daß jeder Ungehorsam gegen die getroffenen Maßregeln der Regierung, sowie deren obrigkeitliche und Polizeibehörden unbedingt strafbar, und daß es überdies den Gerichten keines Falls zustehe, über die Rechtmäßigkeit solcher Maßregeln abzuurtheilen, sowie zweitens das strenge Verbot der Vereinigung Mehrer zur Eingabe von Petitionen. — In Lauenburg dagegen ward nach vorhergegangener Vernehmung mit der Ritter- und Landschaft das bisherige Recht auf Vertretung und sogar Mitwirkung bei Veränderung in der Gesetzgebung und im Steuerwesen anerkannt, allein die Art der Vertretung war, vornehmlich rücksichtlich einer Erweiterung derselben auf bäuerliche Grundbesitzer, durch eine neue Wahlordnung abgeändert.

Die angekündigte Gesammtverfassung erfolgte am 26. Juli 1854, ohne daß erst die Landesvertretung beider Herzogthümer darüber gehört worden war; sie sollte für Schleswig und Holstein durch die Octroyirung vom 2. October 1855 sofort in Giltigkeit treten, während doch für Dänemark die am Schlusse vorbehaltene Bestätigung der dänischen Reichsstände ganz ausblieb.

Eine von den Herzogthümern gegen rechtliche Giltigkeit der neuen Gesammtverfassung für sie im Jahre 1856 erhobene ernstliche Verwahrung, welche die dänische Regierung jedoch völlig unbeachtet zu lassen schien, mußte den deutschen Großstaaten, die mit der Angelegenheit Schleswig-Holsteins von Seiten des Bundes betraut waren, doch endlich wieder darüber ein klares Licht verschaffen, auf welche unverantwortliche Weise die überaus schlau und mit der Macht der Langsamkeit fort und fort handelnde dänische Regierung durchgehends den gesammten Interessen der Herzogthümer, aller gemachten Verheißungen ungeachtet, offenbar zuwiderhandle. Deshalb begann ein neuer Notenwechsel zwischen den deutschen Großstaaten, der vom 1. Juni 1856 bis zum 6. Juli 1857 dauerte, während ein Erlaß des preußischen Ministerpräsidenten, vom 1. Juli 1856, als Beweis für die Willkührherrschaft Dänemarks in den Herzogthümern, auf einen Beschluß des dänischen Reichsraths, namentlich aufmerksam machte: „Diesem zu Folge solle nämlich das Areal, welches durch Schleifung des Kronwerkes der Festung Rendsburg gewonnen worden war, verkauft werden, was doch offenbar eine Verletzung der Rechte der Herzogthümer rücksichtlich der Domänen wäre. Außerdem behandele die dänische Regierung dieses Areal als zu Schleswig gehörig, welches sie einzuverleiben strebe, während überdies die dänischen Grenzregelungsvorschläge immer noch im Rückstande wären. Ebensowenig könne es zu Rechte bestehen, daß man Seiten Dänemarks das Domanialwesen in der neuen Gesammtverfassung zu den gemeinschaftlichen Angelegenheiten gezogen habe". Auch Oesterreich war damit einverstanden und schloß sich wesentlich der preußischen Note an.

Auf diese Noten wußte der dänische Minister von Scheel allerlei Einwände zu machen, durch welche er Dänemark als in seinem vollen Rechte handelnd darzustellen wußte, und er hatte sogar noch die Kühnheit, sich dahin auszusprechen, daß in der Bekanntmachung vom 28. Januar 1852 eine ausdrückliche Zusage Bezugs der Vorlage der Gesammtverfassung bei den Ständen der einzelnen Landestheile durchaus nicht gegeben sei. Der Verfolg des weitern Notenwechsels ist jedoch so unerquicklich, daß wir den Leser damit verschonen müssen, zumal die wie ein Aal sich entwindende dänische Regierung es offenbar darauf anzulegen schien, aus unbekanntem Grunde Zeit zu gewinnen, indem sie zunächst vier Monate auf Antwort warten ließ, um die Verhandlungen möglichst in die Länge zu ziehen und jeden entscheidenden Schritt auf weit hinaus zu verzögern. Dänemarks Wahlspruch blieb: „Zeit gewonnen, Alles gewonnen!"

Dagegen trat sie in dem Erlasse vom 23. Februar 1857 mit einer solchen Verletztheit auf, daß sie sich sogar erdreistete, die fast bis zum Ueberdrusse wiederholten Anforderungen in der schleswig-holsteinschen Angelegenheit mit bisher nicht an der schlauen und langsamen Dänin gewohnten Entschiedenheit, ja, sogar in einem Tone des Unwillens ohne Weiteres zurückzuweisen, während sie doch auf der andern Seite wieder ihre Fuchsnatur durch vertrauliche Mittheilungen an Oesterreich und Preußen zeigte, und diese wieder mit erneueter Zusage einer Einberufung der Stände von Holstein und Lauenburg zu einer außerordentlichen Versammlung, sowie ihrer Geneigtheit, mit diesen über die Verfassung zu berathen, zu beschwichtigen versuchte; überdies sich 3 Wochen Frist dazu ausbedung. Allein eine nach Ablauf dieser Frist in Kopenhagen ausgebrochene Ministerkrisis nöthigte Preußen und Oesterreich, noch ferner in Geduld zu verharren. Doch als eben deren Gesandten, über die noch immer nicht erledigten Beschwerdepunkte der Herzogthümer gegen Dänemark bei der Bundesversammlung Vortrag zu erstatten, angewiesen waren, ging ein Erlaß vom dänischen Minister des Auswärtigen, Michelsen, 13. Mai ein, in dem die Kundgebung der Absicht der dänischen Regierung enthalten war, die Stände zu einer außerordentlichen Versammlung zu berufen, um ihnen einen revidirten Entwurf der Verfassung für die besonderen Angelegenheiten Holsteins vorzulegen. Damit hatte man nicht nur dänischer Seits wiederholt Zeit gewonnen, zu thun, was beliebte, sondern es waren auch abermals die deutschen Großmächte gewissermaßen beschwichtigt, und sie gaben daher in einem Erlasse vom 6. Juli 1857 kund, daß sie die Verhandlungen Dänemarks mit den Ständen der Herzogthümer abwarten wollten.

Die außerordentliche Ständeversammlung ward auch endlich 15. August 1857 nach Itzehoe einberufen, die Sonderverfassung ihnen zur Beurtheilung vorgelegt, dabei aber den Abgeordneten vom königlich dänischen Commissar ernstlich die Weisung ertheilt, daß ihnen auf keine Weise eine Beurtheilung

der Gesammtverfassung erlaubt sei, und daß eben so wenig Erinnerungen über
die gemeinschaftlichen Angelegenheiten ihnen zugestanden wären. Die Berathung unter dem Vorsitze des Baron von Scheel-Plessen gelangte zu einem
Abstimmungsresultate von 46 gegen 2 Stimmen, wonach der Verfassungs-
entwurf abgelehnt werden sollte, und dabei dem Könige Friedrich VII. bemerklich gemacht würde, daß die Lage Holsteins eine höchst bedenkliche sei, daß
übrigens die Stände sich außer Stande gesetzt sähen, der Absicht des Königs
auf Einführung einer verbesserten Sonderverfassung in Holstein entgegenzu-
kommen, bevor nicht die Selbstständigkeit und Gleichberechtigungen
des Herzogthums geordnet sein würden. Am 12. September schloß der königliche Commissar die Ständeversammlung mit der Erklärung, daß die Regierung ihr Benehmen ungemein mißbillige.

Auch Lauenburg war um diese Zeit mit einer Beschwerde bei der Bundes-
versammlung eingekommen, welche die Verletzung der Verfassung von dänischer
Seite betraf: denn auch hier hatte die dänische Willkühr sich in die Landes-
rechte einzugreifen gestattet, und namentlich mit den Domänen, Landes-
Einnahmen ꝛc. furchtbar gehaust, so daß die Quelle der Letzteren in wenigen
Jahren gänzlich zu versiegen drohte.

Seit der Wiederherstellung der vollständigen landesherrlichen Gewalt Dänemarks über Schleswig, Holstein und Lauenburg, im Februar 1862,
waren fünf Jahre hindurch diese Herzogthümer von der dänischen Regierung
wahrhaft gequält, beängstigt und ausgebeutet worden, indem man absichtlich ihre
Rechte verhöhnt, mit dänischer Brutalität niedergetreten und alle Ueberschüsse
nach Kopenhagen geschafft hatte. Preußen, sowie Oesterreich sahen sich
in Folge mehrer an sie gerichteter Beschwerdeschriften aus den Herzogthümern abermals zu einer Vorlage beim Bundestage bringend veranlaßt,
worauf am 29. October 1857 von Neuem die Berathungen deshalb in
Frankfurt ihren Anfang nahmen. Namentlich sah sich Hannover veranlaßt, seine Erklärung dahin abzugeben, daß längeres Zögern nur die Folge
haben müßte, daß Dänemark durch Begründung seines Einheitsstaates die
deutschen Herzogthümer zu Letzt in sich aufgehen lassen, so daß dadurch eine
Wiederkehr zum alten staatlichen Zustande Schleswigs, Holsteins und Lauenburgs endlich unmöglich gemacht sein würde, wodurch sich der deutsche Bund
nur den Vorwurf zuziehen müßte, nicht zur rechten Zeit mit gehöriger Energie
eingeschritten zu sein. — Ein Wort zu guter Stunde gesprochen, welches doch
wenigstens die, wenn auch nur vorläufige, Folge hatte, daß in der Sitzung
vom 5. November 1857 in der Angelegenheit der hartbedrängten deutschen
Herzogthümer ein Ausschuß — aus den Gesandten Oesterreichs, Preußens,
Bayerns, Sachsens (Königreichs), Hannovers, Württembergs und Kurhessens,
und als Stellvertreter Mecklenburgs und Badens, — gewählt ward, welcher
Ausschuß jedoch abermals nur (statt gleich loszuschlagen) Dänemark
anheim gab, sich über die in Frage stehende Verfassungsangelegenheit der
Herzogthümer zu äußern. Hierauf äußerte sich der für die Herzogthümer
von dänischer Seite beim Bundestage accreditirte Gesandte, am 4. Februar
1858, mit offenbarer Umgehung aller eigentlichen Beschwerdegründe, völlig
ausweichend. Er bestritt namentlich das Recht der Stände Lauenburgs, das

6

Herzogthum beim Bunde zu vertreten, und suchte vielmehr, als Nachweis für die geschehene Verletzung der staatlichen Verhältnisse Lauenburgs zu Dänemark durch die Stände, geltend zu machen, daß Lauenburg nie ein selbstständiger Landestheil gewesen sei, weil es auch unter braunschweig=lüneburgischer (hannövrischer) Hoheit eine beschränkte Selbstständigkeit gehabt hätte 2c. 2c. Hierauf ward Seiten der Bundesversammlung nach nochmaliger umständlicher Erörterung der Rechte der drei Herzogthümer in der Sitzung vom 11. Februar 1858 die dänische Regierung abermals angegangen, die Rechte der Herzogthümer baldigst zu ordnen, und dabei die staatsrechtliche Selbstständigkeit derselben gehörig zu beobachten. — Wiederum ein Schritt ohne Fortschritt zum Ziele. —

Allein von Seiten der dänischen Regierung ward den Bundesbeschlüssen vom 11. und 25. Februar 1858 wiederholt nur ein Ausweichen und sogar eine Weigerung in schlauester Weise entgegengestellt. Der Bundesbeschluß vom 26. März forderte nicht nur eine deutlichere Erklärung, sondern sprach auch das Erwarten aus, daß die dänische Regierung sich aller neuen Gesetze und Maßregeln zum Nachtheile der Herzogthümer ferner enthalten würde. Man sah auch jetzt immer mehr ein, daß die dänische Politik eigentlich nur die Verhandlungen mit dem deutschen Bunde möglichst lange hinzuschleppen versuchte, um zu Letzt doch noch, wie sie hoffte, die Sache zu einer europäischen zu machen, und um sie auf diese schlau berechnete Weise endlich der Entscheidung des Bundes zu entziehen. Auch hatte Dänemark mittler Weile versucht, für sich Rußland und Frankreich zu gewinnen, und besonders denselben die Incompetenz des deutschen Bundes begreiflich zu machen; was ihm freilich nicht glückte, aber dadurch doch die fernere beobachtende Stellung Beider herbeiführte. — Rußland hatte sogar Dänemark erklären lassen, daß der deutsche Bund allerdings nach dem 31. Artikel der Wiener Schlußacte in der Sache competent sei, und dabei bemerkt, daß ihm eher zu rathen wäre, sich vor der Bundesversammlung auf Erörterungen lieber einzulassen, und die Rechte Holsteins in's Besondere aufrecht zu erhalten. So enthielt sich Rußland jeder Einmischung. — Dasselbe erklärte auch Kaiser Napoleon III. bei Eröffnung der gesetzgebenden Versammlung am 18. Januar 1858. Merkwürdig aber sind dabei des Kaisers Worte: „denn diese rein deutsche Frage wird eine solche bleiben, so lange die Integrität Dänemarks nicht bedroht wird." — Genau genommen sind diese Worte ein unzweideutiger Hinweis für Deutschland, das sich von diesem Duodezkönigreiche, welches bisher nur von dem Fette der an seine Zwingherrschaft durch bloße dynastische Bande gefesselten deutschen Herzogthümer sich gemästet hatte, — so lange, sozusagen, zum Narren gebrauchen ließ. — Diese dynastischen Bande sind aber jetzt durch das Aussterben der Königsherzogs=Linie gesprengt, und die deutschen Herzogthümer sind von jeglicher Verbindung mit Dänemark befreit. Zugleich aber machen Napoleons III. vielsagende Worte ihn zum Marcus Portius Cato Censorinus, der wegen Carthago, das den Römern, genau genommen, doch weit weniger als Dänemark dem Deutschthume zu schaffen machte, bei dem Ausspruche beharrte: „Ego vero conseo, Carthaginem esse delendam." Die Dänen sind in mancher

Beziehung die Carthager der Neuzeit, und ihre Treue ist der zum Sprich-
worte gewordenen „Fides punica" völlig an die Seite zu stellen. Also mag
Teutschland Napoleons III. zu guter Stunde gesprochenen Worte möglichst
überdenken und hierauf baldigst beherzigen, daß durch die Brechung der
Macht Dänemarks, die es durch Losreißung der Herzogthümer vom Bunde
Teutschlands zu kräftigen beabsichtigt, allein die Frage gelöst werden kann. —
Der gordische Knoten ward vom macedonischen Alexander bekanntlich
auch mit dem Schwerte gelöst. —

Die von der Regierung vorgeschützte Gesichtsrose des Königs be-
hinderte Dänemark vor der Hand, dem deutschen Bunde eine genügende Erklärung zu geben. Es reifte mittler Weile am 20. Mai 1858 ein neuer
Bundesbeschluß, nach dem Dänemark eine Frist von 6 Wochen gestellt ward,
binnen welcher Frist Mittheilungen von Dänemark gemacht werden sollten, in
welcher Weise die Angelegenheiten nach den Anforderungen des Bundes in
den Herzogthümern geordnet werden könnten. Außerdem enthielt dieser
Bundesbeschluß noch die schlüßliche Bemerkung, daß die Bundesversammlung
sich eine weitere Beschlußnahme vorbehalte, falls Vorgänge zur
Kenntniß des Bundes gelangen sollten, welche mit dem Zwecke und Wort-
laute des Bundesbeschlusses nicht übereinstimmen sollten. Die Antwort
Dänemarks gab eigentlich, neben einer Ablehnung der Hauptforderung, so gut
als keine Erklärung, und Dänemark hatte sich abermals nach der ihm erwünschten Einmischung der europäischen Mächte umgesehen. Als ein Nach-
giebigkeitszeichen sollte aber fast gleichzeitig eine königliche Verordnung vom
26. Juli 1858 gelten, nach der das gesammtstaatliche Ministerium
des Innern aufgehoben ward, während aber dessen bisherige Functionen
an das gesammtstaatliche Ministerium der Finanzen überwiesen wurden, was
doch nur ein formeller Wechsel war.

Nach mehrmaligem Notenwechsel ohne Erfolg ward endlich Seiten der
Bundesversammlung am 12. August 1858 mit großer Majorität der von
dem Executionsausschusse gemachte Antrag angenommen, und demnach der
Beschluß gefaßt:

1) Der dänischen Regierung zu erklären, daß die Mittheilungen vom 15. Juli
als eine hinlängliche Erfüllung des Bundesbeschlusses vom 20. Mai*) und
der bundesrechtlichen Pflichten nicht angesehen werden können; 2) die Regierung auf Grund der Executionsordnung Art. 3 aufzufordern, innerhalb einer
Frist von drei Wochen sich eines Theils darüber zu erklären, ob mit dem Ver-
fassungsgesetze vom 2. October 1855 zugleich die königliche Bekanntmachung vom
16. October 1855 und 23. Juni 1856, sowie die §§ 1 bis 6 des Verfassungs-
gesetzes für Holstein, vom 11. Juni 1854, für Holstein und Lauenburg außer
Wirksamkeit treten ꝛc. ꝛc.

Es zerklüfteten sich jedoch wegen dieser Annahme die Ansichten in der
Versammlung; daher ward ein am 9. September gefaßter Beschluß an Dänemark entsendet. Hierauf gab Dänemark eine Erklärung, die, obschon nichts-

---

*) Die Erklärung des dänischen Kabinets auf diesen Bundesbeschluß enthielt
sogar eine offenbare Verwahrung gegen alle von Seiten des Ausschusses aufgestellten, einen Eingriff in die Rechte der Krone Dänemarks enthaltenden Behauptungen.

fagend, doch Einigen als Genugthuung biente, zumal der dänifche Gefandte noch wegen des beften Erfolges der Abfichten feiner Regierung gegen Holftein vertrauliche Mittheilungen machte. So endeten die Verhandlungen mit Dänemark abermals, und die Verfolgung der Angelegenheit der Herzogthümer trat jetzt, fo zu fagen, in ein neues Stadium, in das der vertraulichen Mittheilungen zwifchen dem dänifchen Bundestagsgefandten für Holftein-Lauenburg und den dazu erwählten Ausfchüffen der Bundestagsverfammlung. — Während dem hatten aber auch die außerdeutfchen Mächte, die aller-dings unbedingt die Competenz der deutfchen Bundesverfammlung in der Sache der Herzogthümer anerkannten, mit ihrem Einfluffe dahin zu wirken gefucht, die Bundesverfammlung für ein möglichft milderes Verfahren gegen Dänemark zu ftimmen.

Von dem bereits im November 1858 nöthig erachteten Einfchreiten des deutfchen Bundes mit Execution gegen Dänemark fcheint befonders das Bedenken immer abgehalten zu haben, daß man durch folche den Herzog-thümern felbft am Meiften befchwerlich fallen mußte. Deutfchland hatte aber keine Flotte, die doch bekanntlich unter Zuftimmung der deutfchen Regier-ungen unter Hannibal Fifchers Auctions-Hammer gekommen war, um Dänemark felbft auf Seeland in Kopenhagen, fo wie es von den Eng-ländern mehrmals gefchehen war, mittels deutfcher Executionstruppen einen befchwerlichen Befuch abftatten zu können.

„Das eben ift der Fluch der böfen That,
Daß fie, fortzeugend, immer Böfes muß gebären!"   (Schiller.)

Der am 3. Januar 1859 zu Itzehoe berufenen Ständeverfammlung wurde wiederholt die Verfaffungsvorlage proponirt; doch das Princip der Regierung, daß die Schleswiger fich nicht mit den Holfteinern zu einer ge-meinfamen Wirkfamkeit einigen durften, fand abermals Bedauern und Widerfpruch. Allein ebenfo wenig als diefes wirkte der Ausfchußbericht der Stände vom 2. März, der eine Verwahrung gegen die Aufhebung der legis-lativen und adminiftrativen Verbindung Schleswigs und Holfteins 2c. aus-fprach. Deshalb fprach die dänifche Regierung unterm 24. März in einer Circularnote an ihre Agenten im Auslande ihren Tabel über die Verwerfung der Regierungsvorlage von Seiten der holfteinfchen Stände und deren Ab-faffung eines Gegenentwurfs aus.

Die ausgebrochenen Unruhen in Italien und die Kriegsrüftungen Frankreichs lenkten jetzt, da zumal Defterreichs Integrität in Italien ange-taftet wurde, auch die Aufmerkfamkeit der Bundesverfammlung, welche jetzt ganz andere Dinge zu berathen hatte, faft ganz von Schleswig-Holftein ab.

Ein Erlaß eines dänifchen Regierungs-Patents vom 23. September 1859, die Sicherung der Intereffen Holfteins bei der Behand-lung gemeinfchaftlicher Angelegenheiten bis zum verfaffungs-mäßigen Anfchluffe der Herzogthümer Holftein und Lauenburg an die nicht zum deutfchen Bunde gehörigen Theile der Mon-archie betreffend, konnte keineswegs auf die Bevölkerung der Herzog-thümer beruhigend wirken.

Am 8. December 1859 hatte der Protocollprinz, Christian, von Dänemark seine Ernennung zum Gouverneur von Holstein abgelehnt, worauf Ende Januars die Stände Schleswigs in Flensburg zusammenberufen wurden, deren Adresse vom 13. Februar 1860 dahin lautete, daß die Zusicherungen vom 28. Januar 1852 nicht erfüllt seien, und daß an Statt der Gleichberechtigung der Nationalitäten schonungslose und gewaltsame Unterdrückung des deutschen Elements eingetreten sei. Auch protestirten sie feierlichst gegen jede Maßregel zur Trennung Schleswigs von Holstein. Sie legten sogar nochmals im März Protest gegen die Einverleibung Schleswigs ein, und erklärten den dänischen Reichsrath in der Sache für incompetent.

Die hessische Frage beschäftigte außerdem jetzt so sehr die Bundesversammlung, besonders seit dem März 1860, daß man Schleswig-Holstein ganz außer Acht gelassen zu haben schien, weshalb es auch Dänemark wagen durfte, mittels Ministerialschreibens die Oberbehörden Schleswigs anzuweisen, gegen die Mitglieder der letzten Ständeversammlung gerichtlich einzuschreiten, welche sich namentlich an der Verbreitung der Adresse vom 11. Februar außerhalb der Versammlung betheiligt hatten, und daß sie sogar in einem zweiten Erlasse vom 13. März gerichtliche Untersuchung gegen Diejenigen anordnen konnte, welche Adressen aufrührerischen und staatsverbrecherischen Inhalts an die Stände abgegeben, verbreitet oder unterschrieben hatten.

Auf diese Maßregeln Dänemarks gegen Schleswig waren jedoch die preußischen Stände aufmerksam geworden, und hatten die Sache im Juli 1860 zur Sprache gebracht, weshalb die dänische Regierung mittels einer Note gegen diese Kammerverhandlungen über das Herzogthum Schleswig Protest erhob. Die preußische Regierung hatte eine Gegennote an Dänemark erlassen, worauf der dänische Ministerpräsident Hall am 10. Juni die vom Herrn von Schleinitz abgefaßte Note beantwortete, während jedoch eine Depesche des Herrn von Schleinitz an den preußischen Gesandten in Kopenhagen nebst Denkschrift als Antwort an die dänische Regierung Ende Julys erfolgte.

Dänemark handelte fort und fort mit Willkühr, und erließ sogar am 3. Juli an Holstein und Lauenburg sein Budget für 1860/61, ohne zuvor die Zustimmung der Stände dieser Herzogthümer eingeholt zu haben. Am 23. Juli erließ Dänemark an die dänischen Gesandten des Auslandes wegen Schleswig eine Circularnote, und gleichzeitig hatte der zwischen ihm und Preußen bestandene Notenwechsel wieder ein Ende. Der deutsche Nationalverein aber erschien Dänemark gefährlich, weshalb es am 16. Januar 1860 wegen Theilnahme an demselben in Holstein ein Verbot erließ.

Als jetzt Niemand auf Dänemarks Gebahren gegen die Herzogthümer zu achten schien, richtete der Großherzog von Oldenburg am 2. Februar 1861 plötzlich ein Handschreiben an den König von Dänemark, Friedrich VII., selbst, in welchem er auf Wiederherstellung der alten rechtlichen Verbindung Holsteins mit Schleswig drang. Schon am 26. Juli 1860 hatte der olbenburger Großherzog wegen des dänischen Finanzgesetzes vom 3. Juli beim Bundestage einen Antrag gestellt, worauf Dänemark bei Preußens und Oesterreichs Gesandten in Kopenhagen sich am 16. September über diesen Antrag des Großherzogs von Oldenburg Auskunft erbat. Der am 17. Januar 1861 in der Bundesversammlung erstattete Antrag der vereinigten Ausschüsse sprach sich jedoch dahin aus.

„Da das dänische Patent vom 25. September 1859 und das Finanzgesetz vom 8. Juli 1860, weil es ohne Zustimmung der holsteinischen Stände erlassen, als illegal zu betrachten sei, so sei Dänemark aufzufordern, sich binnen 6 Wochen über die Erfüllung des Provisoriums gemäß dem Bundesbeschlusse vom 8. März 1860 zu erklären, widrigenfalls die Bundesexecution einzutreten habe."

Nachdem am 6. März 1861 die holsteiner Stände, welche am 16. Februar zusammenberufen vom Minister Raasløff unter dem Präsidium des von Scheel-Plessen eingewiesen worden waren, beantwortete der König von Dänemark erst am 15. März den Brief des Großherzogs von Oldenburg, und H. J. A. Raasløff, Minister für die Herzogthümer Holstein-Lauenburg, nahm am 29. März seinen Abschied. Endlich beantragte der Ausschuß der Stände am 8. April 1861: auf die endlich am 4. gemachten Budgetvorlagen in der vorgeschlagenen Weise nicht eingehen zu wollen.

Jetzt nahmen sich auch Preußen und Oesterreich wieder der schleswig-holsteinschen Angelegenheiten immer mehr wieder an, und sie antworteten im August 1862 auf eine Depesche Dänemarks vom 12. März; worauf dagegen Dänemark in gewohnter Weise in Noten an beide Großmächte nebst beigelegtem Memorandum am 6. October 1862 wieder antwortete. — Auch England hatte sich wieder eingemischt und in der schleswig-holsteinschen Sache eine Note unterm 24. September 1862 erlassen, worauf jedoch Seiten Dänemarks eine Ablehnung der englischen Vorschläge am 15. October erfolgte; doch erließ Graf Russell eine zweite Note an das dänische Kabinet, unterm 20. November 1862, auf welche am 15. Januar 1863 von Dänemark eine Gegenantwort folgte.

Hierauf erschien endlich der bekannte Erlaß einer königlich-dänischen Verordnung, welche die Verfassungsverhältnisse Holsteins und seine künftige Stellung zur dänischen Monarchie aussprach, unterm 30. März 1863. — Noch dauerte der Notenwechsel zwischen Dänemark einer Seits und Preußens sowie Oesterreichs anderer Seits fort, besonders in den Noten vom 17. April, 16., 23. und 26. Mai. — Am 29. Juni starb der eigentliche Erbprinz von Dänemark, Friedrich Ferdinand, dessen Tod seit dem Londoner Protocoll vom 8. Mai 1852 gar keinen Einfluß mehr hegen konnte.

Das Wenige, was seit dem Unlauteres gegen und Nutzloses für die Herzogthümer geschah, liegt in der völligen Neuzeit, und ist noch zu sehr in der Erinnerung Aller, welche sich für das Schicksal der Herzogthümer interessiren, als daß es nöthig wäre, dem Leser, zumal der Zweck dieser Schrift, soweit es wenigstens thunlich, und namentlich der Raum gestattete, erfüllt zu sein scheint, noch ferner von der Starrköpfigkeit der dänischen Diplomaten und der Treulosigkeit der dänischen Regierung, sowie der büreaukratischen Willührherrschaft in den beklagenswerthen Herzogthümern zu berichten.

Schluß.

Der König Friedrich VII. war schon seit der eyderdänischen Erhebung eigentlich eine Null geworden, und die öftere Kränklichkeit hielt ihn von der Regierung meist fern. Ueberhaupt hatte er sich schon seit Anbeginne derselben bei ihr weniger wohl gefühlt, als seit dem 7. August 1850 unter der Pflege seiner morganatischen Gemahlin, der Louise Christiane Raßmussen, erhobenen Gräfin Danner. Die Gesichtsrose war sein öfter wiederkehrendes Leiden, was ihm die Natur deshalb auferlegt zu haben schien, weil er über das Gebahren Dänemarks gegen die drei Herzogthümer von selbst nicht mehr erröthete. Er starb, gewiß sehr wenig beweint und von den Herzogthümern noch weniger betrauert am 15. November 1863 im 55. Jahre seines Alters und im 15. Jahre seiner sogenannten Regierung. Mit ihm ist der dänisch-gordische Knoten, an dem der deutsche Bund seit beinahe 50 Jahren zur Lösung desselben sich vergeblich abgemüht, durch des Todes Hippe mit einem Male zerhauen, und nun ist es an der Zeit, die deutschen Herzogthümer vom Dänenthume und aus dessen Joche für immer zu befreien, sowie ihnen eine erwünschte Einheit und Einigkeit unter einer deutschen Dynastie zu gewähren, welche dazu erbfolgeberechtigt ist. — Es ist die Dynastie Oldenburg-Schleswig-Holstein-Sunderburg-Augustenburg.

Die Schleswiger, Holsteiner und Lauenburger harren auf Anerkennung ihres sich selbst nach altem, eigentlich im Jahre 1773 zum Theile, und jetzt völlig wieder erlangten Rechte erwählten Herzogs Friedrichs VIII., nachdem dessen Vater, Herzog Christian, auf sein Recht zur Erbfolge in den Herzogthümern Verzicht geleistet hat. Die augustenburger Herzöge haben 1848/50 in den Reihen der Schleswig-Holsteiner für Selbstständigkeit und Verfassung gegen das Dänenthum gekämpft: mögen auch Beide jetzt im constitutionellen Leben eines unantastbaren deutschen Bundesstaates sich mit einander glücklich fühlen. — Der Herzog Friedrich hat von seinem jetzigen Sitze, Schloß Dolzig, aus, am 16. November 1863, eine Proclamation an die drei Herzogthümer erlassen. Die Executionsarmee des deutschen Bundes steht zum Theile an den Grenzen der Herzogthümer, oder ist theilweise schon in dieselben eingerückt, ja, die sächsischen Truppen stehen bereits den Dänen gegenüber, welche, das Herzogthum Schleswig mit altem Trotze behaupten zu wollen, ernstliche Vorkehrungen trafen. Mögen sie nicht eher Holstein wieder verlassen, bis das seit 1386 völlig deutsche, mit Holstein innigst verbundene Herzogthum Schleswig den Dänen wieder entrissen worden ist. Dem Dänen, dem Erbfeinde des Deutschthums sei ernstlich Schach geboten! Dies ist der einmüthige Ruf aller deutschen Stämme, welche freudig in das Lied einstimmen:

„Schleswig-Holstein meerumschlungen,
Deutscher Sitte hohe Wacht!" ꝛc.

Des Königshauses Sachsen Ansprüche auf die Erbfolge im Königreiche Dänemark.

Das Haus Buczizi=Meißen (fälschlich „Wettin“ genannt) war mit Dänemark seit dem 6. Sept. 1478 in verwandtschaftliche Verhältnisse getreten, indem schon König Johann I. von Dänemark, der zweite Oldenburger auf dem Dänenthrone, mit der Herzogin Christine, Tochter des Kurfürsten Ernst von Sachsen, sich vermählte. Des fünften oldenburger Dänenkönigs, Christian III., älteste Tochter, Anna, ward am 1. Oct. 1548*) die Gemahlin des Herzogs August von Sachsen, nachmaligen Kurfürstens, und dieses Fürstenpaar ist in Sachsens Geschichte unter den Namen „Vater August“ und „Mutter Anna“ hinlänglich bekannt. Johannes, der jüngste und Lieblingsbruder der Kurfürstin Anna, die sich stets „Geborne aus königlichem Stamme von Dänemark“ schrieb, ward an Sachsens Kurhofe erzogen, und er ward der Stammvater**) der jetzt noch blühenden beiden Schleswig = Holstein = Sunderburger Linien. Auch hatte die Kurfürstin Anna, wie der Briefwechsel mit ihrem Bruder, Friedrich II., Könige von Dänemark, bezeugt, großen Antheil an der Regierung in Dänemark. Der Kurfürst Christian I., Sohn der Anna, ist übrigens ganz am dänischen Hofe erzogen, wie aus dem noch vorhandenen Briefwechseln hervorgeht. Ferner ward der Kurfürst Christian II. von Sachsen mit der Hedwig, Königs Friedrich II. vierter Tochter, am 12.Sept. 1602 vermählt. Dagegen war Kronprinz Christian von Dänemark, ältester Sohn Königs Christian IV., der 1647, ein Jahr vor dem Tode des Vaters, starb, mit Magdalene Sibylle, Tochter des Kurfürsten Johann Georg I. von Sachsen (Enkels der Kurfürstin Anna), seit 5. Oct. 1634 vermählt, und endlich vermählte sich Kurfürst Johann Georg III. mit Anna Sophia, Tochter Königs Friedrichs III., Schwagers der Magdalene Sibylle und Großenkels Christians III., am 9. Oct. 1666.

In Folge dieser letzten Vermählung nun wurde nach dem königlich dänischen Gesetze vom 14. Nov. 1665, in dem bestimmt ward, daß nach Abgange des Mannesstammes auch die weiblichen Linien zur Succession gelangen sollen, den Kurfürsten von Sachsen die Erbfolge zugesichert. Diese Erbfolge ward sogar dem Sohne Johann Georgs III., dem Kurf. Johann Georg IV., und dem Bruder desselben, Friedrich August I., durch eine besondere Urkunde Königs Friedrich III., Datum Kopenhagen 14. Nov. 1668, ausdrücklich nochmals zugesichert (vgl. Lünig, Reichsarchiv Pars spec Cont. II. S. 593). — Der jetzige König von Sachsen, Johann, ist demnach berechtigt, als achter Erbberechtigter in der Reihe der Succedenten Ansprüche zu erheben, nachdem die königliche Linie im Mannesstamme erloschen ist.

---

*) Als historische Parallele kann gelten, daß 300 Jahre später, im Jahre 1848, der Kronprinz Albert von Sachsen mit dem Executionsheere Deutschlands gegen Dänemark tapfer focht.

**) Dürfte den König Johann von Sachsen noch weit mehr dazu bestimmt haben, für die Sunderburg-Augustenburger, als ältere Linie, sich zu interessiren.